JN273024

すぐに▼役立つ

◆本人でも出来る◆

示談・和解・民事調停の手続きと実務書式サンプル46

弁護士 尾込 平一郎 監修

三修社

本書に関するお問い合わせについて
本書の内容に関するお問い合わせは、お手数ですが、小社あてに郵便・ファックス・メールでお願いします。
なお、執筆者多忙により、回答に1週間から10日程度を要する場合があります。あらかじめご了承ください。

はじめに

もめごとはないに越したことはありません。しかし、いくら注意しても、すべてが思い通りにいくわけではありません。思いがけずトラブルに巻き込まれてしまうこともあります。そんなときどう対処すればよいでしょうか。その時になってあわてないように解決に至る基本姿勢を前もって了解しておくことは非常に大事なことです。

まず、トラブルが発生してもいきなり全面戦争という事態は避けたいものです。民事の事件であればたいていの場合、話合いの余地があるからです。訴訟という手段は相手方と対立し合いながら強権的に白黒の決着をつけようというものですから、後々までしこりが残ることもあります。また、訴訟となると、通常、時間もお金もかかります。相手方がよく知っている人で、紛争解決後も末永くつき合っていきたいという気持ちがあるならば、なおさら訴訟という手段は避けたいものです。

トラブル解決のための手段として、当事者同士の話合いで解決する示談がまとまればそれに越したことはありません。また、裁判所を活用するとしても調停を利用して話合いを成立させる方法があります。

それらを利用して紛争が解決できれば、ベストでしょう。なお、労働関係については個別労働あっせんや労働審判、借金問題については特定調停、借地問題については、借地非訟などの手続きがありますのでこれらの制度を利用するのもよいでしょう。

本書では、示談や和解（即決和解、訴訟上の和解）、調停についてのしくみや手続きをわかりやすく解説し、トラブルごとに書式を46例掲載しているのが特徴です。商取引、職場トラブル、事故、賃貸などさまざまなケースをとりあげ、調停申立書を中心に、示談書、労働審判や個別労働あっせん、特定調停、借地非訟などの申立書を掲載しました。

本書をご活用いただき、抱えているトラブルを解決していただくことができれば、幸いです。

監修者　弁護士　尾込平一郎

Contents

第2章　借金トラブルの解決書式

第3章　商取引・契約トラブルの解決書式

第1章

訴訟以外の紛争解決法

1 トラブル解決は訴訟ばかりではない

互譲の精神も大切である

訴訟には問題点も多い

とかく訴訟には時間がかかります。少額訴訟（53ページ）のようにあっという間に終わる訴訟もたくさんありますが、自分が起こす訴訟がそうなるという保証はありません。相手方も全力で立ち向かってきますからとても２、３年かかることも珍しくありません。10年かかる訴訟というのもなくはないのです。そうなると、もう一つ注意すべきことが生じます。裁判の結果、勝利をおさめても、手に入れる金額は物価の変動を反映しない、ということです。裁判に何年もかかって勝利をおさめたとして、得られるのは何年も前に貸した金額です。その間、貨幣価値に大きな変化があっても、いっさい考慮されません。

民事訴訟はお金のかかるものです。訴訟の当事者（原告と被告）は、さまざまな局面で、さまざまな形の出費を求められます。たとえば訴訟に勝った当事者が支出した費用は、負けた相手に負担させることになっています。しかし、負けた相手が費用の全部を負担するというわけではありません。特に、弁護士費用を相手に負担させることはできないので注意する必要があります。

話合いによるトラブル解決への基本姿勢

本書では、「安易に訴訟をすべきではない」ことを頭に入れた上で、話合いによる解決への道を選択した場合について考えて行きましょう。

まず、お互いのわだかまりを捨てて円満な解決方法を探る努力をしなければなりません。

①　ときには断固とした態度が必要である

「払うべきものは払う」「請求するべきものは請求する」といった断

固とした姿勢が重要です。一度解決したら、もうやり直しが効かないのだ、という覚悟で臨んでください。「やはり納得がいかない」といって後から蒸し返すことはできません。渋々にせよ承諾した以上、承諾した内容について、詐欺や強迫などを理由に取り消すには、相手方に（犯罪にあたるほどの）よほどの非がなければ認めてくれません。

　もし、こちらが払う必要のない不当な請求を相手方が高飛車な態度で迫ってくるのなら、絶対に屈服しないで反論する必要があります。そのような不当な請求は正規の方法では通用しないからこそ、相手方は強引に押し通そうとする態度にでるからです。

　態度を改めようとしない場合には、裁判所を通した調停（31ページ）といった正規の場に解決の舞台を移したほうが得策です。

② 互譲の精神も忘れずに

　自分の言い分の応酬に終始するだけでは、話合いはかえってこじれ、解決への道が開かないのも事実です。暗礁に乗り上げてしまうケースのほとんどが融通性に欠けている場合です。

　こうしたケースには「相手が見舞いに来なかった」とか「いや謝りに来るのはおまえのほうだ」とかお互い相手方の不誠実をなじることが少なくありません。いい加減な妥協に走るのも考えものですが、どの辺で譲歩を引き出すかといった決断のタイミングを逃さないためにも、**互譲の精神**はぜひとも必要です。こうしたことの積み重ねが最良の解決策を導き出す要となるわけです。

■ **訴訟の問題点と示談によるトラブルの解決**

訴訟の問題点		示談のポイント
●時間がかかる ●お金がかかる ●手間がかかる	→ 示談による トラブル解決 →	●断固とした姿勢 ●互譲の精神

2 裁判外の紛争処理機関とは何か

弁護士会などがあっせん・仲裁の相談に乗っている

裁判外でも紛争を処理する機関がある

前述したように法的な紛争を解決するのに利用できるのは、何も訴訟だけではありません。よく周りを見渡せば、これら以外にもいろいろと利用できる制度や機関があります。

最近、訴訟事件の急激な増加に伴って、外国においても、訴訟以外の方式によるさまざまな紛争処理のシステムが利用されつつあります。**ＡＤＲ**（Alternative Dispute Resolution＝裁判に代わる代替的紛争解決）と呼ばれるのがそのシステムです。

ＡＤＲは、①司法機関が関与するものと、②行政機関が関与するもの、③民間の団体によるものの３種類に大きく分けられます。

まず、裁判所などの司法機関が関与するものとしては、和解や調停・仲裁などが代表的です。また、調停に代わる審判や即決和解（27ページ）・支払督促なども、ここに入れてよいでしょう。

裁判所が関与する和解には、**即決和解**と呼ばれる訴訟前の和解と、訴訟が提起されてからなされる**訴訟上の和解**があります。

裁判所における調停には、一般の民事紛争について、家庭裁判所以外の裁判所が行う**民事調停**と、家庭に関する事件について家庭裁判所が行う家事調停があります。

いずれの手続きにおいても、法律に厳格な定めはなく、それぞれの具体的な紛争の実情に即して、当事者双方の納得づくで、現実的かつ妥当な解決をめざします。そして、当事者が互いに譲歩し合って合意が成立し、これを調書に記載すれば、判決と同一の効力が生じます。

仲裁とは、紛争を解決するため、当事者が相互の合意（仲裁契約）によって選定する仲裁人の判定（仲裁判断）に従うことを約束し、それに基づいて仲裁人が行う手続きをいいます。仲裁判断には、裁判所の判決と同一の効力が認められますから、訴訟が提起されても、被告が仲裁契約の存在を主張すれば、訴えは却下されてしまいます。

弁護士会が行うあっせん・仲裁機関について

弁護士会では、全国34か所に紛争解決センターを開設し、あっせんや仲裁などで様々な紛争の解決をサポートしています。たとえば、債権回収など金銭の支払に絡むもの、研究開発や特許など知的財産権に絡むもの、従業員の解雇や賃金・退職金の支払に絡むものなどです。

同センターのあっせん・仲裁手続きは非公開になっており、秘密が外部に漏れる心配はありません。また、問題が専門的な内容に及ぶ場合には、公認会計士・税理士・弁理士・不動産鑑定士・技術士など専門家の助言を得ることもできます。

手続きは、どこの弁護士会のセンターもおおむね同じです。審理集中方式を活用して紛争を迅速に解決しています。仲裁役は経験豊かな弁護士や元裁判官などが担当します。まず、相談センターで法律相談を受け、相談内容によってベテランの弁護士であるあっせん・仲裁人

■ さまざまな裁判外紛争処理機関

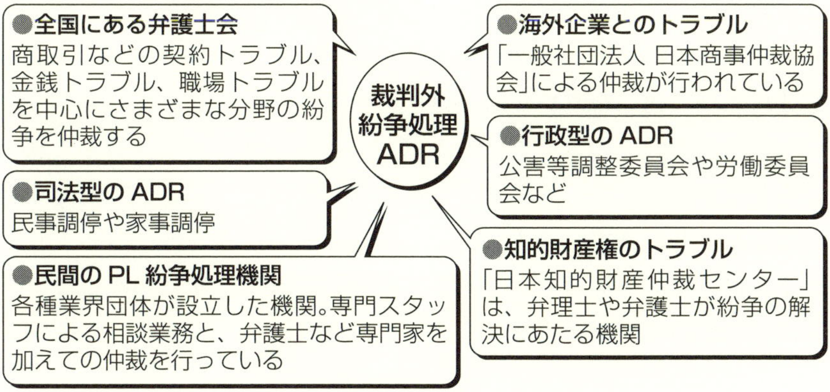

裁判外
紛争処理
ADR
●全国にある弁護士会
商取引などの契約トラブル、金銭トラブル、職場トラブルを中心にさまざまな分野の紛争を仲裁する
●司法型の ADR
民事調停や家事調停
●民間の PL 紛争処理機関
各種業界団体が設立した機関。専門スタッフによる相談業務と、弁護士など専門家を加えての仲裁を行っている
●海外企業とのトラブル
「一般社団法人 日本商事仲裁協会」による仲裁が行われている
●行政型の ADR
公害等調整委員会や労働委員会など
●知的財産権のトラブル
「日本知的財産仲裁センター」は、弁理士や弁護士が紛争の解決にあたる機関

が選任されます。申立てから２週間程度であっせん期日が指定されますが、相手方が期日に出席してこなければ、手続きはここで中断してしまいます。相手方が呼出に応じる率は約７～８割で、これが、この制度の難点といえます。

期日に双方が出席してくると、あっせん・仲裁人は双方の言い分をよく聴きながら、当事者が解決に至れるようあっせんに努めます。だいたい１回について２時間程度、３回以内の期日で決着できるようになっています。合意が成立すると合意内容を記載した和解契約書が作成されます。しかし、合意に至らなかったときでも、双方が仲裁判断にまかせる意思を表明すれば、仲裁人が判断を下します。仲裁判断が確定すれば、裁判所の判決と同一の効力があります。仲裁判断に不服があるようなら訴訟に進むことになります。仲裁手続きは通常、申立てから約３か月程度かかります。

なお、紛争解決センター以外にも各都道府県の弁護士会では法律相談を受け付けている窓口があります。費用は、30 ～ 45分につき5250 ～ 7350円程度です。相談したい場合には、あらかじめ相談日時を確認しておくのがよいでしょう。

裁判外紛争処理機関を利用するメリット

裁判外紛争処理機関には、費用が安く、手続きが簡単、うまくいけば妥当な解決が得られるというメリットがあります。また、その業界や専門知識に通じたプロが紛争処理にあたるという点も魅力的です。

しかし、これらのメリットは、同時に、当事者による十分な主張・立証がなされないことや、厳密な法的判断を回避することと表裏の関係にあることも否定できません。ＡＤＲの適切な運営は、あくまで法による正規の紛争解決方式である訴訟が、正常に機能していることを前提としているといえます。

3 示談について知っておこう

短期間で決着する

示談したいと言われたら

「示談」という言葉は、法律の中にはありません。裁判所外での当事者間の話合いが**示談**です。たとえば、交通事故が起こって加害者の被害者に対する損害賠償が必要になった場合や、アパートの賃料が支払われず、貸主が借主に賃料を請求するといった場合に示談が行われます。

示談は**和解契約**の一種です。和解契約とは、紛争を解決するためにお互いが譲歩した条件で締結した契約のことをいいます。示談が成立した後に、当事者の一方が勝手に示談の内容を変更することはできません。当事者が示談の中で決めたことを守らない場合には、訴訟を提起してその訴訟の中で示談書を証拠として提出することができます。勝訴判決を得れば強制執行をすることが可能です。また、示談の内容を強制執行認諾文言（契約した内容を守れなかった際に強制執行を受けることを認める文言）付きの公正証書に記載しておけば、金銭の支払については訴訟を経なくても強制執行をすることができます。

なお、示談が無効になってしまうケースがあります。たとえば、殺人の対価として金銭を支払うという内容の示談を行ったとしても、その示談の内容は公序良俗（社会一般の道徳や秩序）に反するので無効になります。また、示談の内容について当事者に認識の誤り（錯誤）がある場合も、示談は無効になります。

何らかのトラブルに巻き込まれて、相手から示談したいと言われた場合には、損害額が確定しない間は示談交渉を待ってもらうようにしましょう。たとえば、医師の診断が出ないうちは治療費にいくらかかるかは確定しません。損害額が確定してから本格的な示談交渉を行うようにします。

示談するメリットとは

訴訟を行うと、お互いが自分の主張をぶつけ合い、審理も長期化するケースが多いといえます。この点、示談においては話がまとまれば、短期間で穏便にトラブルが解決できます。

また、示談には、費用が安く済むというメリットもあります。訴訟をする場合には、収入印紙や弁護士に支払う報酬など多額の費用が必要になります。しかし示談であれば、話合いをするために必要な費用のみを支払えばよいので、訴訟と比べて必要な費用を抑えることができます。

示談をすると、損をしてしまうのではないかと考える人がいます。確かに、示談をする際にはお互いに譲歩をする必要があるので、受け取ることのできる金銭は少なくなる可能性があります。しかし、訴訟を行えば膨大な時間と費用がかかります。訴訟を行う場合と比較すれば、結局は示談をまとめた方がよい場合も多いといえるでしょう。

示談には問題点もあります。たとえば、トラブルの相手が示談に応じなければ、示談によって問題を解決することはできません。お互いの主張に大きな差がある場合には、訴訟も視野にいれながら示談交渉を行う必要があります。

また、示談を行う場合には、一定程度の法律知識が必要です。法律がどうなっているか、裁判例はどうなっているかといった知識がなければ、妥当な解決点を見つけることは困難です。

なお、法律知識がある者とない者が示談交渉を行う場合には、法律知識のある者が示談の内容を自分に有利なものにしてしまう可能性があります。そのため、示談を行う際には弁護士に同席してもらうかどうかを検討する必要があります。

示談交渉で気をつけること

トラブルが生じた場合、相手に対して自分の主張を一方的に押し付けることは避けるべきです。一人よがりな主張で相手を説得することはできず、かえって紛争がこじれてしまうでしょう。

そのため、示談交渉を行う前に、状況を整理しておくことが必要になります。また、第三者の意見も聞いて、客観的なトラブルの実態を把握しておくようにします。実際の示談交渉の場では、感情的にならずに交渉を進めることが必要です。相手が悪いと一方的に決めつけてしまうと、交渉相手がそれに反応して態度を硬化させてしまい、トラブルの解決が遠のいてしまう可能性がでてきます。

また、示談交渉では、相手が本当に信頼できるかどうかを見極める必要があります。示談で決めた内容を相手が守らなければ、訴訟で勝訴判決を得てから強制執行（55ページ）をしなければなりません。中には、ただ時間を稼ぐために示談交渉を行う人もいます。そのような誠意のない相手に対しては、示談交渉を行わず最初から訴訟を提起する方がよいといえます。

示談が成立したといえるには

示談は和解契約の一種です。契約は口頭でも成立するので、和解契約の一種である示談も口頭で成立します。しかし、口頭で示談が成立したからといって示談の内容を文書にしておかないと、証拠がないためにどのような内容の示談をしたかについてトラブルになる可能性が

■ 示談のメリット・デメリット

メリット	デメリット
・費用を低く抑えることができる ・早期の決着が可能である ・円満な解決が期待できる ・人間関係を傷つけずに解決できる	・話合いがまとまらなければトラブルが解決しない ・相手が応じなければ示談交渉が始まらない

あります。そのため、示談が成立した時点でその内容を書面化しておくようにしましょう。

また、一回示談が成立した場合、原則として当事者の一方の希望によって勝手に示談内容を変更することはできません。示談を行う際には事実関係をよく調査して、自分に不利な内容になっていないかを確認することが重要です。

示談はどんなトラブル解決に向いているのか

示談はさまざまな場面で行われています。交通事故での損害賠償額を決める際に示談交渉が行われるケースは多く、賃貸借契約をめぐるトラブルや売買契約（売掛金の回収）をめぐるトラブルが生じた際にも示談が行われます。また、刑事事件では示談が成立したかどうかが起訴・不起訴に影響を与えます。

示談に向かないトラブルもある

示談では解決が困難なトラブルも存在します。たとえば、相手と主張が真っ向から対立している場合は、示談でのトラブル解決は困難です。示談を行う際には、互いに譲歩してトラブルの解決をめざす必要があります。譲歩の余地がなければ示談は成立しないので、訴訟を提起した方がよいでしょう。

相手が示談に応じる姿勢を示さない場合にも、示談を成立させることはできません。また、暴力団がトラブルの相手という場合には、示談交渉を行うこと自体が危険な行為ですので、最初から訴訟を提起するべきでしょう。

相手が交渉に応じないときは

示談を行おうとしても、相手が交渉の場に出てこないということも考えられます。このような場合には、何を請求するかを確定させた上で、請求の内容を記載した配達証明付きの内容証明郵便（66ページ）を相手方に送付しておくとよいでしょう。

ただし、内容証明郵便を送ることで、相手方が態度を硬化させる可能性もあります。そのため、内容証明郵便を送る前に、電話や手紙などで示談交渉に向けた努力を行うことが必要です。

刑事告訴と示談の効果

刑事事件絡みで示談が行われることもあります。刑事裁判を提起するかどうかは、検察官の判断によって決められます。起訴するかどうかの判断では、加害者と被害者との間で示談が行われているかどうかも考慮されます。それほど重くない罪で示談が成立していれば、検察官が刑事事件として起訴をする可能性は低くなります。

たとえば、交通事故のケースでは、示談が成立しているかどうかが検察官の起訴・不起訴に大きな影響を与えます。また、強制わいせつ事件や強姦事件は、被害者の告訴がなければ検察官は起訴することができません。示談が成立すれば被害者は告訴をせず、加害者は刑事責任を問われませんので、示談が成立するかどうかが重要であるといえます。

■ 示談交渉の流れ

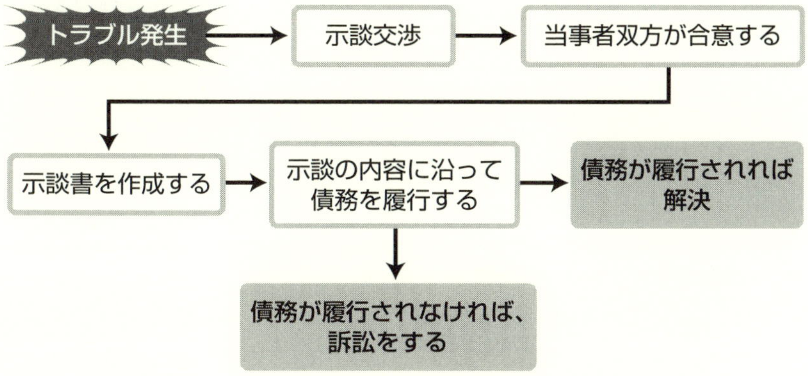
トラブル発生
示談交渉
当事者双方が合意する
示談書を作成する
示談の内容に沿って債務を履行する
債務が履行されれば解決
債務が履行されなければ、訴訟をする

4 示談書の作成ポイントと示談交渉術

書面にすることが必要である

示談交渉をする際にすること

示談の際には、相手との人間関係・信頼関係に配慮しながら交渉を行います。示談はあくまでも話合いですので、相手との信頼関係を構築できなければ、示談をまとめることは難しいといえます。そして、相手との信頼関係を構築し、適切な内容の示談をまとめるために必要になるのが**交渉術**です。交渉術は営業やセールスの場面でも必要になる技術ですが、示談交渉では交渉術が示談の成否に大きく関わります。

話合いの場では、相手の落ち度だけを指摘するのではなく、相手の立場に立って考えることが必要です。自分たちに落ち度があったのならば、その点についてはきちんと謝罪するべきでしょう。

示談に臨む際には十分な情報収集を行っておくことが必要です。事実関係について相手と認識のずれがあると、示談を円滑に進めることはできません。また、交渉相手のことを詳しく調べておくことも大切です。相手の求めていることだけでなく、相手の性格なども調べておけば交渉を有利に運ぶことができる可能性があるからです。

ただ、交渉の過程で、不必要に相手を追い詰めることは得策ではありません。場合によっては、相手のために逃げ道を用意しておいた方が、示談交渉をスムーズに進めることができます。粘り強く、穏やかに相手とのコミュニケーションを図り、その中で、お互いの妥協点を見出していくようにしましょう。

示談交渉にはコツがある

示談交渉では、期限を区切って交渉することが必要です。示談では、話合いを重ねてもお互いに歩み寄ることができず、ムダに時間だけが過ぎてしまうというケースがあります。そのようなことを避けるために、示談交渉では期限を区切って話合いを重ねることが大切であるといえます。もちろん、期限を区切るべきかどうかの判断はケース・バイ・ケースで異なります。相手との妥協点が見出せる見込みがあれば、粘り強く交渉を続ける必要があるでしょう。しかし、交渉を数多く行えば必ず結果がでるというものでもないという点には注意をしなければなりません。

期限を区切って示談交渉を行い、それでも示談がまとまらなければ調停や訴訟に移行します。訴訟になれば、示談と比べて多くの時間と多額の費用が必要になります。訴訟に移行する際には、大きなコストがかかることを覚悟しておかなければなりません。

示談交渉を行う際には、時効に注意する必要があります。時効とは、時間の経過によって権利を取得したり、権利が消滅したりするという制度です。時効の完成を防ぐための手続きのことを時効の中断といいます。示談交渉を行っていれば時効は中断するというものではありません。訴訟など裁判所を通した手続きを経て請求することで時効は中断します。

代理人が必要な場合

示談交渉を行う際に、代理人を立てることもできます。交渉が苦手な人は、自分で交渉するよりも代理人を立てて示談交渉に臨む方が得策です。代理人を立てる際に注意すべきことは、原則として交渉によって報酬を得ることができるのは弁護士だけだという点です（140万円以下の金額であれば司法書士も示談交渉が可能です。行政書士については、法律的な意見を求めることはできますが、報酬を支払って代理人になってもらうことはできません）。弁護士以外の者が示談交渉の代理を行い、それによって当事者から報酬を得ることは弁護士法によって禁止されています。

また、示談交渉を請け負う悪質な「示談屋」も存在します。示談屋は、当事者に代わって相手と交渉を行います。しかし、示談屋による示談交渉は弁護士法に違反する行為です。そのため、示談交渉に代理人を立てるような場合であっても、示談屋に依頼することは絶対に避けなければなりません。

また、示談の相手が代理人を立ててくるケースもあります。そのような場合、被害者側も弁護士などの専門家の意見を聞きながら交渉を進めることが必要です。

代理人を立てなくても、第三者に示談の仲介に入ってもらうケースも考えられます。仲介人に間に入ってもらえれば、第三者の客観的な意見を求めることができ、示談交渉をスムーズに進めることができます。

示談書を作成する際の注意点

示談がまとまった場合には、示談書を作成します。口頭で示談契約を行ったとしても、その示談契約は効力を有します。しかし、後日に示談契約の内容について争いになったときに、書面がなければトラブルになる可能性があります。示談の内容を書面にしておけば、後日にトラブルとなったとしても、書面が証拠になるので示談の内容について争うことはできなくなります。

示談書の形式について、法律で決められているわけではありません。しかし、後日のトラブルを避けるために、示談の内容の他に、示談を行った日、住所、氏名を記載し、押印をしておくようにしましょう。本書では、請負のトラブルや事故の被害についての示談書のサンプルを掲載していますので、具体的な記載例については、参照してみてください。なお、契約書の中には印紙税の貼付が必要な課税文書がありますが、示談書そのものは課税文書に該当しないため、原則として示談書に収入印紙の貼付は不要です。ただし、示談の内容として現金の支払いではなく、不動産を譲渡するような場合、不動産に譲渡に関する契約書として収入印紙の貼付が必要になります。そのため、示談にあたっては課税文書にあたるかどうかという点についても考慮しておきましょう。

また、示談の内容（金銭の支払）を強制執行認諾文言付の公正証書（70ページ）にしておけば、相手が示談で決めた内容を守らなかった場合に訴訟を経ずに強制執行をすることができます。公正証書にせず単に書面に示談の内容を記載した場合には、訴訟で勝訴判決を得なければ強制執行（55ページ）はできません。

示談書には、事実関係を正確に記載する必要があります。たとえば、過去に行った売買契約について記載する場合には、「平成○年○月○日に締結した○○を目的物とする売買契約」というように、契約内容を特定しなければなりません。

また、示談契約書の最後には、「当事者間には債権債務関係が一切ない」ことを示す一文を入れておきます。この一文を入れることで、当事者間のトラブルはすべて解決したことを示すことができ、後に示談の内容を覆すことができなくなります。

■ 示談の際に活用できる専門家や専門機関

消費者に関連するトラブル →	国民生活センター 消費生活センター
交通事故に関連するトラブル →	（公財）交通事故紛争処理センター （公財）日弁連交通事故相談センター
借金に関連するトラブル →	弁護士会紛争解決センター 司法書士総合相談センター
建設・住宅に関連するトラブル →	建築工事紛争審査会 住宅紛争審査会
労働に関連するトラブル →	都道府県労働局 社労士会労働紛争解決センター

示談の内容として金銭を分割して支払うことを約束するケースがあります。このようなケースでは、「1回でも支払いを怠った場合には残りの全額を直ちに支払う」という内容の条項を盛り込んでおきます。

交通事故の示談を行う場合、示談の後に後遺症が発生することがあります。後遺症が発生することを想定して、「後遺症が発生した場合には示談をやり直すこと、」あるいは「新たに損害賠償金を支払う」旨の条項を入れておく必要があります。

賠償額はどのように算出するか

損害賠償請求を行う場合には、賠償額を算定する必要があります。損害賠償には、財産上の損害と精神的な損害があります。また、財産上の損害には、実際に被害者が受けた損害（治療費や物の修理費など）と、得られたはずの利益が被害に遭ったために得られなかったという損害（働けなかったために受け取れなかった給料など）があります。交通事故のケースでは、損害額は定型化・定額化されています。ただ、損害賠償額の算定は難しいので、弁護士などの専門家に相談するのがよいでしょう。

■ 示談書作成ポイントのまとめ

用紙・筆記具 →	・できる限りパソコンで作成する ・手書きの場合はすぐに消えないボールペン等を用いる
示談の内容 →	「○月○日の○○契約に関する件」というように、トラブルの内容を詳細に記載する
示談の条件 →	・金銭の支払いを求める場合には、いつ支払ってもらうのか明確に記載する ・どのような条件で示談をしたのか曖昧にしない
当事者のサイン →	当事者双方が印鑑を押す。 未成年者が当事者の場合には、親の印鑑が必要になる

5 和解について知っておこう

和解がまとまれば強制執行ができる

示談と和解はどう違うのか

示談と和解は、話合いを行ってトラブルを解決するという点で共通しています。また、話合いがまとまった場合には、原則として話合いの結果を後日に覆すことはできないという点でも、示談と和解は共通しています。なお、本書では、裁判所を通さない話合いのことを示談、示談を含めた裁判外・裁判内の話合いのことを和解といいます。

和解には、訴え提起前の和解（即決和解）と訴訟上の和解があります。訴え提起前に和解ができれば、コストがかかる訴訟を行わずにすみます。訴えて提起後であっても和解がまとまれば、早期にトラブルを終結させることができます。

どんな場合に利用されているのか

訴訟を行わずに話合いによってトラブルを解決したいと当事者が考えたときに、和解を利用します。

和解は、訴訟と比べてコストがかからない紛争解決方法です。トラブルが起こったが、当事者同士が時間も費用もかけたくないと考えている場合には、和解を試みます。

和解になじまないトラブルもある

トラブルが生じたとしても和解をまとめることができれば、早期に解決を図ることができます。

しかし、和解ができないトラブルも存在します。たとえば、法律に反することを内容とする和解契約を締結しても、その和解契約は公序良俗（15ページ）に反するものとして無効になります。人を殺す代わりに金銭を支払うといった内容の和解契約は、違法な殺人契約を内容とした和解契約になります。そのため、このような和解契約は無効になります。

裁判所が和解契約に関わっている場合には、このような無効な和解契約が成立することは通常ありません。

費用や時間は

和解交渉では、当事者間で話合いを行い、お互いに譲歩をし合ってトラブルの解決を図ります。裁判所を通さない和解契約を締結する場合には、費用はかかりません。

裁判所を通した和解を行う場合には費用が必要になります。訴え提起前の和解（即決和解）であれば、印紙代（2000円）や郵券代が必要です。訴訟上の和解であれば、和解のための費用負担は当事者間で話し合って決めることになります。通常は各自の負担です。

和解がまとまるまでにどれくらいの時間がかかるかは、トラブルの内容や当事者間の意見の食い違いの程度によって異なってきます。当事者同士が歩み寄ることができれば、１回の期日で和解がまとまる可能性もあります。

和解にはどんな効力があるのか

和解がまとまった場合、後から和解の内容を覆すことはできません。たとえば、2000万円の貸金債権の請求を行っていたが、借主が1200万円を支払うことで和解がまとまったとします。しかしその後に、「やはり1200万円では足りない」と考えて貸主が残りの800万円を請求しようとしても、和解が成立している以上、貸主は800万円を請求することはできません。

訴え提起前の和解（即決和解）や訴訟上の和解が成立し、和解調書が作成されれば、その和解調書をもとにして強制執行ができます。改めて訴訟を行う必要はありません。また、和解を申し立てれば、その時点で時効が中断します。

交渉がうまくいかない場合

交渉がまとまらない場合には、訴訟を提起する必要があります。

和解では、お互いに譲歩してトラブルを解決します。しかし、お互いに譲歩しても妥協点を見出すことができなければ和解をまとめることはできません。

和解の中では粘り強く交渉することが重要ですが、和解がまとまらない場合には訴訟を行うことを視野に入れなければなりません。

即決和解申立書の書き方

訴え提起前の和解（即決和解）をする場合、相手の住所地を管轄する簡易裁判所に申立書（書式１）を提出します。申立書には、当事者の氏名・住所、請求の趣旨、請求の原因などを記載します。申立書を提出する際には、印紙と郵券（切手）を添付します。また、申立書の副本も同時に提出します。裁判所は、申立書の副本を相手方に送達し、和解期日を指定します。

■ 即決和解の申立て

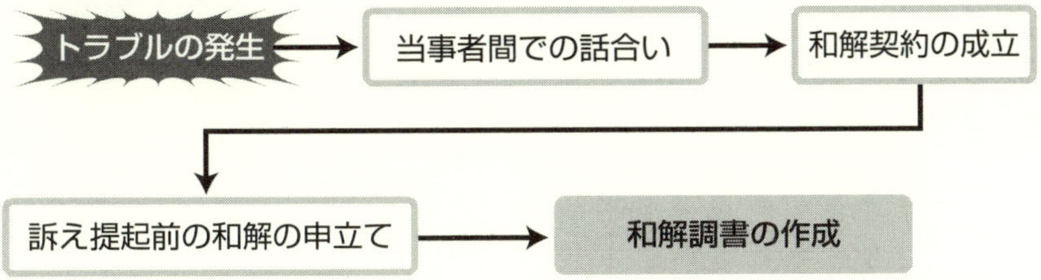

訴訟上の和解はどんな場合になされるのか

訴訟前だけではなく、訴訟が行われている場合でも和解を行うことができます。

裁判を行い、判決によってトラブルが決着してしまうと、後々の人間関係がぎくしゃくしてしまう可能性があります。友好的な紛争の解決を図るために、訴訟の間であっても和解ができます。

また、当事者だけではなく裁判所も、和解をする方が望ましいと考えた場合には、当事者に対して和解をするよう勧告を行います。

訴訟がどの段階にある場合でも、訴訟上の和解を行うことは可能です。裁判官は、訴訟の間であればいつでも当事者に対して和解を勧告することができますし、当事者はいつでも和解の申し出をすることができます。

訴訟手続きの中で、和解案に合意するかどうかの交渉が行われます。具体的には、和解の期日が指定されて、裁判所の中で話合いが行われます。当事者の主張や意見を十分に聞いた後に、裁判官が和解案を提示することもあります。当事者がこれに合意すれば和解が成立します。和解ができなければ、再び判決に向けた審理が行われます。

■ 訴訟上の和解のしくみ

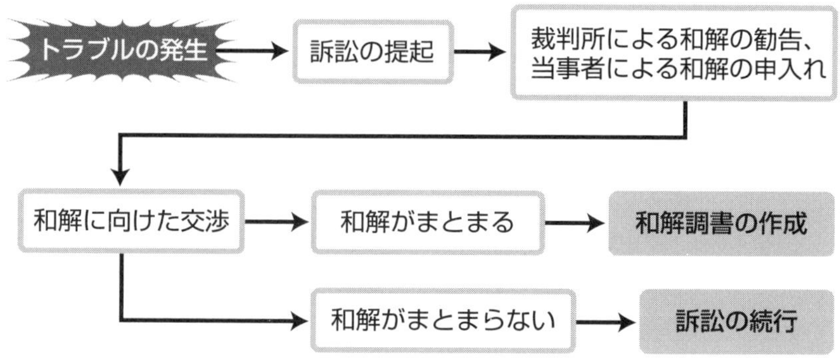

書式1　交通事故についての即決和解申立書

即決和解申立書

平成 23 年 2 月 8 日

東 京　簡易裁判所　御中

申立人　中 松 次 郎　㊞

〒169-0074　東京都新宿区北新宿○丁目△番×号

電 話　03（○○○）○○○○

FAX　03（○○○）○○○○

申立人　中松　次郎

〒169-0074　東京都新宿区北新宿○丁目△番×号

相手方　小田　祥子

自動車事故
損害賠償　請求事件

請 求 の 趣 旨

別紙和解条項記載の通りの和解勧告を求める。

請 求 の 原 因

1．相手方小田祥子は平成○○年○月○日、午後○時○分頃、○○区○○町○丁目○番先交差点を横断中の歩行者申立人中松次郎に衝突した。

2．相手方小田祥子は、本件事故車両の所有者であり、本件事故車両を運転中、歩行者たる中松次郎に衝突し、負傷させたのであるから、自動車損害賠償保障法第３条の運行供用者として、損害賠償責任を負う者である。

3．申立人と相手方との間には、右事故に関する損害賠償額について争いはあるが、今般協議の結果、別紙和解条項の内容で和解が成立する見込みとなったので、本申立てをするものである。

以　上

添　付　書　類

1．交通事故証明書	1通
2．車等の修理代金見積書	1通
3．診断書写し	1通

和 解 条 項

1．相手方は、申立人に対して、本件事故の責任及び損害賠償金120万円の支払義務があることを認める。

2．相手方は、申立人に対し、前項の金員を平成23年２月末日から毎月末日限り、金10万円ずつ分割して、申立人に持参または送金して支払う。

3．相手方において、前項の支払いを２回分以上怠ったときは、期限の利益を失い、残金及び期限の利益を失った日の翌日から完済まで年10パーセントの割合による金員を支払う。

4．和解費用は、各自の負担とする。

6 民事調停でトラブルを解決する

裁判所に間に入ってもらい話合いで解決する

民事調停とはどんなものか

話合いで紛争を解決したいと考えたとき、すぐに思い浮かぶ方法が**調停**です。調停は、第三者である調停機関が紛争の当事者双方の合意が得られるように説得しながら、和解が成立するために努力する手続きです。特に簡易裁判所で行われる**民事調停**は、売買や賃貸借など、身近な財産上の紛争を解決するためによく利用されています。

裁判所における調停には、一般民事事件を扱う民事調停と、家庭事件を扱う家事調停があります。民事調停は、民事調停法という法律に基づいて簡易裁判所で行われます。一方、家事調停は、家事事件手続法という法律に基づいて家庭裁判所で行われます。いずれの調停も、手続きの進め方に厳格な定めはなく、紛争の実情に即して、当事者双方に納得のいく解決がはかれるようになっています。

調停委員会は、原則として裁判官と民間人から構成され、委員には司法関係者の他に、大学教授や医者・建築家・公認会計士・不動産鑑定士といった各分野の専門家も選ばれます。

調停が成立すると調停調書が作成されます。これは判決と同一の効力をもちます。しかも調停は訴訟に比べ、費用も時間も大幅に節約できます。調停は、訴訟のように当事者にそれぞれの主張を争わせて、最終的に白黒をはっきりさせるための手続きではなく、双方が互いに譲歩し、納得し合いながら、ソフトな解決策を探るのに適した方法です。したがって、当事者の対立が激しく、ほとんど歩み寄りの余地がない場合には適しません。また、調停を申し立てても、相手方が調停期日に出席しなかったり、また、出席したとしても合意が得られなければ、調停は不調に終わります。

調停にはどんな種類があるのか

民事調停には金銭トラブルなど一般的な民事事件を取り扱う一般民事調停の他に、特定の事件を取り扱う以下の民事調停があります。

・宅地や建物の貸借その他の利用関係の紛争に関する調停（宅地建物調停）
・農地や農業経営に付随する土地、建物などの貸借・利用関係の紛争に関する調停（農事調停）
・商事の紛争に関する調停（商事調停）
・鉱害の賠償の紛争に関する調停（鉱害調停）
・自動車の運行によって死亡した、ケガをした場合の損害賠償の紛争に関する調停（交通調停）
・公害、日照、通風など、生活上の利益の侵害によって生じる被害の紛争に関する調停（公害調停）

民事調停の手続きはどうなっている

調停の申立ては、簡易裁判所に申立書を提出して行います。弁護士などの専門家に依頼せず、本人が申し立てることも可能です。

申立てが受理されると、相手方には申立書のコピーである副本が、当事者双方には期日を通知する呼出状が送られてきます。

調停期日には、原則として本人が裁判所へ出頭しますが、仕事の都合や病気など、やむを得ない事情があれば、調停委員会の許可を得て、代理人を出席させることもできます。話合いは、当事者と調停委員がテーブルを囲んで比較的和やかな雰囲気で行われます。公開の法廷で行われる訴訟と違って、非公開の調停室で進められますから、個人のプライバシーが外部に漏れる心配はありません。裁判官は手続きの要所要所に出席するだけで、おもに２人の調停委員が当事者から事情を聞いて、紛争の要点を把握していきます。

裁判所に出頭して出頭簿に署名し、呼出があると、当事者は個別に調停室に呼ばれ、それぞれの意見が聴取されます。この意見聴取は双方同席で行われることもありますが、相手方に聞かれたくない場合は調停委員にその旨を申し出ると希望のように取りはからってくれます。調停委員は双方から言い分を聞き、相手方の言い分を伝え合って、合意の糸口を探り出します。また、必要があれば証拠の取調べや職権による調査も行います。やがて妥協案を提示しますが、金銭の支払請求事件などでは、債権者に支払期限の猶予や債権の一部免除・分割払いなどの条件変更を迫ったり、債務者には新たに担保の積み増しを提案したりして、当事者の説得や勧告を行うというのが進行の大筋です。

話合いがまとまると

話合いがまとまれば、裁判官の立ち会いのもとに、調停内容が読み上げられます。このとき、もし自分の主張に反する個所があれば、必ず訂正を申し出るようにします。いったん調書になってしまえば、後から訂正しようとしてもできません。

調停が成立すると、調停調書には確定判決と同一の効力が与えられていますので、もし相手方が約束を履行しない場合は、強制執行（55ページ）に踏み切ることもできます。強制執行には調停調書の送達証明書（57ページ）が必要ですから、相手方に不履行の気配があれば早

■ おもな民事調停

調 停 名	トラブルの対象	具 体 例
一般民事調停	金銭トラブル	売買契約、貸金、職場トラブルなど
商事調停	会社間トラブル	商取引、株式
交通調停	交通事故トラブル	死亡、傷害、物損など
宅地建物調停	不動産トラブル	建物、土地

めに請求しておくべきです。

調停が合意にいたらないで終わっても、２週間以内に訴えを起こせば、最初から民事訴訟を起こしたのと同じことになります。この場合、訴状に貼る印紙代として、調停のときすでに納めた印紙代を流用できますから、訴状には残りの印紙代を貼って提出すればよいわけです。

また、調停が合意にいたらない場合でも、当事者間にまだ歩み寄る余地があるとみれば、裁判所は調停に代わる決定を出すこともあります。この決定も確定判決（控訴できる期間の経過といった理由により通常の不服申立ての方法で争うことができなくなった判決のこと）と同じ効力を持ちますが、決定の日から２週間以内に異議が申し立てられれば無効となります。なお、調停が成立する前または、調停に代わる決定が出される前であれば、調停を取り下げることができます。

調停申立書はこう書く

申立書は３枚複写になっています。下の２枚にも記入した内容がシッカリ写るように、ボールペンで書きます。調停を申し立てるには、上の２枚を裁判書に提出します。そのうちの１枚は裁判所の保管用で、もう１枚が相手方へ送付されます。３枚目は、自分の控え用です。

申立ての手数料は請求金額ごとに異なり（54ページ）、収入印紙を貼付する方法で納めます。収入印紙、申立書の１枚目に貼っておきます。この他、相手方の呼出しを郵便で行うために郵便料金が必要です。

金銭トラブルなどで、借金の金額が明らかでない場合は、とりあえず、500円の収入印紙を貼り、後で精算することになります。

申立書は、定型の書式になっていて、必要事項を記入していけばすむようになっています（36 ～ 37ページ）。本書では、第３章以降にケースごとの民事調停の申立書を掲載しています。ただし、裁判所が申立書のひな型を備えていることもありますので、実際に申立てを行う場合には申立てを行う裁判所で出しているひな型を確認するようにしてください。

費用欄については、「申立手数料の算出方法」によって算出した額や、裁判所で言われた額を記入します。申立書の１枚目に収入印紙を貼りますが、割印はしません。申立人欄には自分の名前を書きますが、氏名の横に押印します。この場合のハンコは認印でも大丈夫です。相手方欄には、相手方の住所・氏名を書きますが、このとき相手方が会社などである場合には、商業登記簿などの記載通りに記入します。

なお、調停申立書を提出する際に必要な予納郵便切手の額は各裁判所で異なりますが、本書では東京簡易裁判所に申立書を提出する際に必要な額を掲載しています。

添付書類について

申立人や相手方が会社であるときには、その会社の商業登記事項証明書または資格証明書（交付から３か月以内のもの）が必要です。

また、未成年が申立てを行うようなケースでは戸籍謄本（または抄本）を添付します。その他、事件の種類ごとに主張を裏付ける書類を添付書類として提出することになります。売買契約書や、請負契約書、領収書が代表的な添付書類です。また、借金トラブルについては、借用証書などがあれば、そのコピーを申立書と一緒に提出します。交通調停では、交通事故証明書、見積書といった書類を提出することになります。不備がないように、あらかじめ準備をしておきましょう。

■ 民事調停の手続き

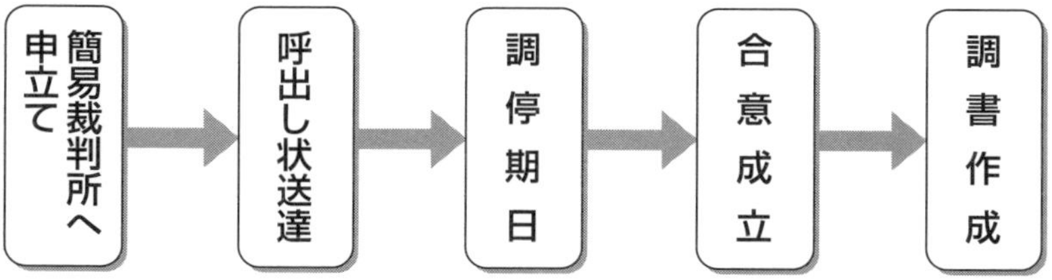

資料 貸金調停の調停申立書の書き方サンプル（東京簡易裁判所の例）

記載例

①については，「申立ての趣旨の額」（利息・損害金を除く。）を，②については，表書きの「申立手数料の算出方法」により算出した額を記入してください。③については，裁判所にお尋ねください。

②に記入した金額に相当する収入印紙を貼ってください。

相手方の住所又は事務所を管轄する簡易裁判所名を書いてください。

あなたの住所，氏名，電話やファクシミリがある場合にはその番号を書き，氏名の横にあなたの認印を押してください。
申立人が会社であるときは，会社の所在地，会社名，代表者の氏名，電話やファクシミリがある場合にはその番号を書いた上，代表者の認印を押してください。

調停事項の価額	①	円
ちょう用印紙	②	円
予納郵便切手	③	円

印紙欄
（割印はしないでください）

民事一般
受付印

（貸金）

調停申立書

○○ 簡易裁判所 御中

作成年月日	平成 ○○年 ○月 ○日
申立人	住所（所在地）（〒○○○−○○○○） ○○県○○市○○町○丁目○番○号 氏名（会社名・代表者名） 甲野太郎 （甲野） TEL ○○○−○○○−○○○○ FAX ○○○−○○○−○○○○
送達場所等の届出	申立人に対する書類の送達は，次の場所に宛てて行ってください。 ☑ 上記住所等 □ 勤務先 名称 〒 住所 TEL − − □ その他の場所（申立人との関係 ） 〒 住所 TEL − − □ 申立人に対する書類の送達は，次の人に宛てて行ってください。 氏名
相手方	住所（所在地）（〒○○○−○○○○） ○○県○○市○○町○丁目○番○号 氏名（会社名・代表者名） 乙野次郎 TEL ○○○−○○○−○○○○ FAX ○○○−○○○−○○○○
支払を求める金額（申立ての趣旨）	残債務の額：金 100万 円 附帯請求（利息・損害金）：☑ 上記金額に対する / □ うち金 円に対する / 平成 ○○年 5 月 1 日から 支払済みまで ／ ☑ 年 15 % / □ 月 % / □ 日歩 銭
紛争の要点	後記記載のとおり

上記のとおり調停を求めます。

あなたに対して裁判所から書類を送る場合にどこに宛てて送ってほしいか，希望する場所（送達場所）の□をレ点でチェックして届け出てください。以後あなたに対する書類はこの届出場所に宛ててお送りすることになります。
あなたの勤務先に書類を送ってほしい場合には，「勤務先」の□をレ点でチェックし，勤務先の名称とその住所を書いてください。
あなたの住所でも勤務先でもない場所（例えば，あなたのお父さんの家など）に書類を送ってほしい場合には，「その他の場所」の□をレ点でチェックし，「申立人との関係」の部分に「父の家」などとあなたとその場所との関係を書き，その住所を書いてください。

上記の届出場所においてあなたの代わりにあなた宛の書類を受け取るべき人（送達受取人）を届け出る場合には，この□をレ点でチェックし，その人の氏名を書いてください。この届出をすると，以後あなたに対する書類は送達受取人に宛ててお送りすることになります。

相手方の住所，氏名，電話やファクシミリの番号が分かっている場合にはその番号を書いてください。
相手方が会社であるときは，商業登記簿謄（抄）本又は登記事項証明書を見て，会社の所在地，会社名，代表者の氏名を書き，また，電話やファクシミリの番号が分かっている場合にはその番号を書いてください。

将来の利息・損害金の請求をするときには，この欄に書いてください。「残債務の額」の欄の金額に利息・損害金が含まれているときは，「うち金　　円」の箇所に「レ」をして空欄に元本の金額を書いてください。数口の貸金があり利率が違うときは，最も低い利率に合わせていただくか，他の用紙を使って申し立ててください。

申立日現在の残債務（支払を求める額）を書いてください。

貸し付けたときに定めた利率を書いてください。

返済期限を決めたときは，その日付を書いてください。分割払などの約束をしたときは「その他」に「レ」をし，その内容を備考欄に書いてください。

利率のほか特に遅延損害金の率を定めたときに，その率を書いてください。

相手方に貸し付けた年月日を書いてください。

調停の相手方に貸し場合は「相手方」に「レ」をし，第三者に貸して相手方がその保証人になっているときは「その他」に「レ」をしてその借主の名前を書いてください。

紛争の要点（下記のとおり）

1　相手方（又は相手方が保証人になっている第三者）に対する貸付の内容

貸付年月日	貸付金額（円）	返済の期限	利息	損害金	借主
① 0・4・1	120万	☑0・3・31まで □なし □その他（備考欄）	☑年 15 % □月 % □日歩 銭	□年 % □月 % □日歩 銭	□相手方 ☑その他 （丙野三郎）
② ・ ・		□ ・ ・ まで □なし □その他（備考欄）	□年 % □月 % □日歩 銭	□年 % □月 % □日歩 銭	□相手方 □その他 （ ）
③ ・ ・		□ ・ ・ まで □なし □その他（備考欄）	□年 % □月 % □日歩 銭	□年 % □月 % □日歩 銭	□相手方 □その他 （ ）

貸金が数口あるときに利用してください。
貸付金の数が多くこの欄に収まらないときは，同じ要領でA4版の紙に続きを書いて出してください。

2　返済状況　下記のとおり

返済年月日	返済金額（円）	元利の別
0・3・31	380 000	㊁・㊂（元・利に丸）
0・4・30	12 500	元・㊂（利に丸）
・ ・		元・利
・ ・		元・利
・ ・		元・利
・ ・		元・利
・ ・		元・利
・ ・		元・利
・ ・		元・利
・ ・		元・利
・ ・		元・利
・ ・		元・利
・ ・		元・利

3　貸金の残額

①の貸金	元本	1.000.000
	利息・損害金	平成0年5月1日から
②の貸金	元本	
	利息・損害金	
③の貸金	元本	
	利息・損害金	

貸金ごとに残額を書いてください。
利息・損害金は相手方がいつの分から支払をしていないかを書いてください。

4　調停申立ての理由

☑支払が延び延びになっている。
□相手方が借りたこと（保証をしたこと）を争っている。
□残っている貸金の額に争いがある。
□その他（　　　　）

相手方が支払をしない理由を書いてください。

備考：相手方から親友の丙野に金を貸してほしいと頼まれたので貸したが，丙野は行方不明で保証人の相手方にも誠意が見られない。

その他紛争の背景などを書いてください。

添付書類：
金銭借用証書写し　通
商業登記簿謄（抄）本又は登記事項証明書　通
通

細かい充当計算ができるようでしたら，別に計算書を作って出してください。

証拠書類となる金銭借用証書などがありましたら，その写しを添付してください。

申立人又は相手方が会社の場合には，その会社の商業登記簿謄（抄）本又は登記事項証明書を添付してください。

7 民事調停とその他の手続きの関係について知っておこう

民事執行を止めることもできる

民事調停と示談はどう違うのか

示談は和解の一種であり、話合いがまとまれば示談書が作成されます。これに対して調停は、裁判所の調停委員会で当事者同士が話合いを行い、合意ができれば調停調書を作成するという制度です。調停調書は判決と同じ効力があります。そのため、示談書をもとにして強制執行（55ページ）することはできませんが、調停調書をもとにして強制執行をすることは可能です。

調停では、調停委員から調停案が提出されるケースがあります。調停員が示す調停案に合意するかどうかは当事者の自由です。調停委員の調停案を修正して合意することも可能です。

民事調停前の保全手続きとはどんな場合に利用するのか

調停が行われている際に、当事者の一方が自分の財産を処分してしまうケースがありますが、当事者の財産がなくなってしまうとたとえ調停が成立しても債権の回収ができなくなります。たとえば、貸金債権について債権者と債務者の間で調停を行っている間に、債務者が自分の財産を売り払ってしまうと、調停がまとまっても債権者は債権を回収することができなくなります。

このような事態を避けるために、債権者は債務者の財産の保全を申し立てることができます。調停委員会がこの申立てを認めれば、調停委員会は債務者に対して財産の処分を命じます。

民事執行手続きが進行している場合はどうするのか

調停の目的となる権利について強制執行が行われている場合には、

その強制執行の停止を申し立てることができます。民事執行により調停の成立が難しくなる場合には、裁判所は当事者に担保を提供させて民事執行を停止します。

執行の停止が可能なのは、公正証書や担保権を根拠とした強制執行が行われている場合です。裁判所で出された判決をもとにして強制執行されているような場合には、強制執行を停止することはできません。

民事調停の債務の調停と特定調停の関係

特定調停（96ページ）は、債務者が支払不能（返済能力がなくなったために、支払の期限が到来した債務を継続的に返済することができないと認められる状態）に陥る恐れがある場合に限定して利用することができる調停です。特定調停の手続きの中では、民事執行を停止することができます。また、調停委員会は貸金業者に対して取引の経過の開示を求めることができます。

通常の調停でも特定調停でも、正確な借金額を割り出すための引き直し計算（104ページ）が行われ、引き直し計算によって算出した債務の額を基準にして、調停が行われます。調停がまとまれば、調停調書が作成されます。調停調書は、判決と同じ効力をもちます。調停調書の内容を相手が守らなければ、調停調書を使って強制執行をすることが可能です。

■ 民事調停・特定調停・示談の比較

	民事調停	特定調停	示　談
目的	紛争の解決	借金トラブルの解決	紛争の解決
第三者が入るか	調停委員が アドバイスをする	調停委員が アドバイスをする	第三者は入らない
費用	申立ての費用	申立ての費用	費用はかからない
強制執行	調停調書をもとに 強制執行ができる	調停調書をもとに 強制執行ができる	強制執行はできない

8 労働審判について知っておこう

訴訟よりも少ない負担で実効的にトラブルを解決できる

労働審判手続きとはどんな制度なのか

労働審判は、話合いがまとまらない場合に、裁判官である労働審判官と労働問題に精通している労働審判員が協議して審判という一定の判断を下すことができる点で、効果的なトラブル解決方法ということができます。労働審判手続きには、①時間がかからない、②最終的な判断（審判）に労働組合関係者などの労働の専門家も参加する、③まずは話合いによる合意（調停）をめざし、まとまらない場合に審判を出す、という特色があります。

労働審判の対象となるトラブルは解雇や雇止めといった個々の労働者と使用者（会社）との間に生じたトラブル（個別労働関係紛争といいます）です。労働者が申し立てるケースが通常です。

労働審判は原則として３回以内の期日で審理を終えるというしくみをとっています。具体的な期間としては労働審判の申立書が提出されると40日以内の期日で第１回期日が指定されます。第１回期日の後の第２回期日、さらに第３回期日はそれぞれ数週間から１か月程度の間で決められることが多いようです。長く見積もっても３～４か月で結論が出るようになります。

３回の期日で終わるということは、当然手続きについてもスピードが要求されます。訴訟を起こす場合、用意する書類はかなりの量にのぼりますが、労働審判では申立書や答弁書（労働審判を申し立てられた相手方が提出する書面）など最小限のものだけを必要として、それほど多くの書類は要求されません。手続きは口頭による事実確認によって進行していきます。口頭の手続きで進行するので書類を読み込む負担が減り、スムーズに進行します。ただ、逆の見方をすれば短い時間で口頭などのやりとりをすることになりますから、周到な準備をしておかなければならない、ということにもなります。

費用が安く非公開で行われる

労働審判手続きは訴訟と比べて手数料が安いという特徴もあります。具体的には訴額あたりの手数料は一般民事訴訟の半分と定められています。なお、仮に労働審判で解決できず、訴訟へと移行する場合にはすでに納めた手数料は、訴えを起こす際の手数料に充当されることになります。前述した例でいいますと、200万円の未払い賃金請求訴訟を起こすには1万5000円が必要ですが、その半分は先の労働審判の申立てで支払ったものが充当されますので、原告は残りの7500円を納めればよい、ということになります。また、労働審判手続きは非公開とされています。ただし、トラブルを解決のためにあらかじめ関係者を呼ぶことはできますし、また、審判員が許可を出せばその場で関係者が参加することも可能です。この部分でも労働審判は訴訟よりも柔軟な手続きだといえるでしょう。

■ 労働審判手続きにおける調停と審判

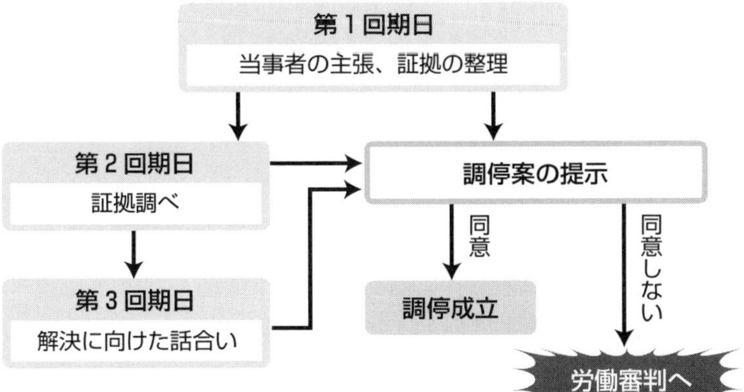

調停が成立しない場合には審判が下される

３回の期日で合意に達しなかった場合には審判が下されます。この審判も訴訟の判決に比べるとより柔軟なものになっています。つまり、裁判の場合の判決は明快でも時としてトラブルの解決につながらないこともありますが、審判では両者の言い分にしたがって、妥協案のような形で示されることが通常です。

そして、その審判の結論が主文となり、これには理由もつけられますが、理由は調停案にいたる過程で出されることがあります。今後訴訟に至る可能性があることも考えますと、労働審判委員会が理由を説明している際にはメモしておくと訴訟になった場合に役立つ可能性もあります。

労働審判は２週間の間に異議が出されないと確定します。確定した審判は通常の訴訟の判決と同様の効力をもちます。つまり、その審判書を根拠として強制的に審判の内容を実現させることができます。

審判に不服がある場合

当事者が審判に不服がある場合には２週間以内に異議を述べることになります。この場合には訴訟へと移行することになります。

ただし、訴訟に移行したとしても、そこで徹底的に争わなければならないということはなく、裁判上または裁判外で和解をすることはできますので、そうしたことも踏まえて結論を出すのがよいでしょう。

訴訟に移行する場合、労働審判に対して不服（異議）を申し立てると、労働審判の申立てを行った時点でその地方裁判所に訴えの提起があったものとみなされます。異議申立てが訴えの提起とみなされるので原則として訴状（裁判をする際に提出する書面）などを提出する必要はありません（準備書面などの提出を求められることはあります）。

ただし、たとえば労働審判では触れていなかった内容を訴訟の中に盛り込むことはできます。この場合は「請求の趣旨変更申立書」を提出することになります。

費用については訴訟の手数料からすでに労働審判時に支払った手数料を差し引いた残りを支払うことになります。訴訟手続きに移行した場合、当事者は、労働審判事件の記録の閲覧記録のコピー、記録の正本やコピーの交付、労働審判事件に関する事項の証明書の交付を請求することができます。訴訟と労働審判の手続きが異なるからといって資料がまったく使えないと、二重に審理する必要が生じるのでこのような手続きが用意されています。

会社が審判内容を守らない場合には強制執行する

未払い賃金や残業代、退職金などについてトラブルが発生し、調停や審判によって会社側に支払義務があるとされたからといって安心はできません。中には、調停や審判で支払義務が認められたにもかかわらず、支払わない会社があるからです。

労働審判が守られない具体例として、たとえば、「残業代を支払わないので審判を起こして50万円の支払いが会社に命じられた。しかし、

■ 労働審判のメリット・デメリット

メリット	デメリット
・3か月以内での解決が見込める ・話合いがまとまらない場合には審判という一定の判断が下される ・訴訟に比べて申立手数料が安い ・紛争の実態をふまえた、柔軟な解決が可能	・3回以内の審理での解決になじまない事件には不向き ・審判に不服のある当事者が異議を申し立てた場合、もう一度訴訟で争わなければならなくなる ・使用者と労働者には力の差があるため、労働者が本人申立てを行うことが困難なこともある

会社は「支払わなければならないのはわかっているが支払う資金がない」と主張するのみで支払おうとしない」といったケースがあります。金銭の支払いをしないケースについては、強制執行（55ページ）を行うことになるでしょう。強制執行をする際に注意しなければならないのは、会社側がどのような資産をもっているかを把握することです。資産を隠匿される前に資産を把握しておき、相手に資産隠しの準備を与えないようにすることが重要です。

仮処分や仮差押を利用して権利を保全する

たとえば、会社を不当に解雇された労働者が会社を相手に訴訟を起こす場合、訴訟期間中の間、労働者は解雇されているわけですから、収入のあてはありません。また、勝訴したとしても、会社に財産が残っていなければ強制執行することはできません。

このような場合に備えて行われるのが、保全処分です。保全処分には仮処分と仮差押があります（61ページ）。

たとえば、労働者は解雇された場合には、「判決が出るまでは自分は社員という地位にある」という仮処分を求めることができます。仮処分の決定までに要する期間は３か月～半年程度です。いきなり解雇されて生活できなくなった、といった場合に利用するとよいでしょう。

仮差押とは、賃金などの金銭の債権をもっている者（労働者）が、強制執行をするために、債務者（会社）の資産を処分できないようにすることをいいます。仮差押は、仮差押の申立から仮差押命令が出されるまでの日数が短いのが特徴で、申立日当日に裁判所から債務者（会社）に仮差押命令が出される場合もあります。したがって、会社の経営が悪化し、給料の未払いが生じている状況で利用されることがあります。

9 労働審判の申立手続きについて知っておこう

管轄の地方裁判所に申し立てる

労働審判の申立てはどこに対して行うのか

労働審判は管轄権のある地方裁判所に対して申し立てます。管轄とは、その裁判所が担当することができる事件の範囲のことを意味します。管轄は以下のような基準で決められています。

① 会社営業所、事務所所在地を管轄している地方裁判所

たとえば、労働者が申し立てる場合、本社が東京にある会社であれば東京地方裁判所に申し立てることができます。また、本社以外に独立して営業している営業所があればその営業所の所在地を管轄としている裁判所に申し立てることもできます。

② 労働者が勤務している、または勤務していた事業所所在地を管轄している地方裁判所

たとえば、労働者が大阪で働いていた場合には大阪地方裁判所ということになります。

③ 会社と労働者との間で合意した地方裁判所

雇用契約の中で、東京地方裁判所に管轄があると定めていた場合には東京地方裁判所ということになります。

申立ての趣旨や理由を記載する

労働審判による判断を求める場合、当事者が労働審判の申立てをすることになります。裁判所に何らかの手続きの申立てを行う場合には通常、申立てに関する書面の提出が必要となります。労働審判の場合も変わらず、申立書を管轄している地方裁判所に提出して労働審判の申立てを行うことになります。申立ては申立書を提出して行わなければならず、口頭で申し立てることはできません。

①　申立ての趣旨

たとえば、「退職金500万円の支払いを求める」というのが申立ての趣旨です。労働審判を通して求める主張を記載することになります。申立ての趣旨として複数の記載をする必要がある場合には「1、2、3」と番号を振ります。

申立ての趣旨を記載した後に、改行して「～との労働審判を求める」という文章を書くと趣旨がはっきりします。

②　申立ての理由

申立書の趣旨で「退職金500万円の支払い」を求める場合には、退職するまできちんと働いていた事実、退職金が発生する事実、退職金に関する就業規則の規定などを掲載することになります。

③　予想される争点とその争点に関連する重要な事実

たとえば、相手方が「これこれの条項から退職金を支払う必要がない」など反論して争点になりそうな場合にはその争点を書きます。

④　予想される争点ごとの証拠

③で記載した事実についての申立人が提出する証拠を記載します。証拠の記載方法にもルールがあり、記載する順に第1号証、第2号証、第3号証と番号をつけます。さらに、申立人が提出する証拠については、頭に「甲」という文字をつけます。結果として、申立人が提出する証拠は「甲第1号証」「甲第2号証」「甲第3号証」という書き方をすることになります。

⑤　当事者間で行われた交渉、その他申立てに至る経緯の概要

労働審判前に当事者間で交渉したとか、都道府県労働局のあっせんなどを利用してトラブルの解決を図ろうとしたような事実がある場合にはそのような経緯を記載することになります。この経緯を具体的に書くことで、当事者間で争いになっている点が明確になり、審判手続きがスムーズに進みやすくなります。

申立書の提出

申立書は労働審判委員会の人達が読むだけではなく、相手方にも送付されるものですから、申立て時には複数の申立書（正本以外は写しを提出することになります）を提出することになります。

■ 労働審判の手続きの流れ

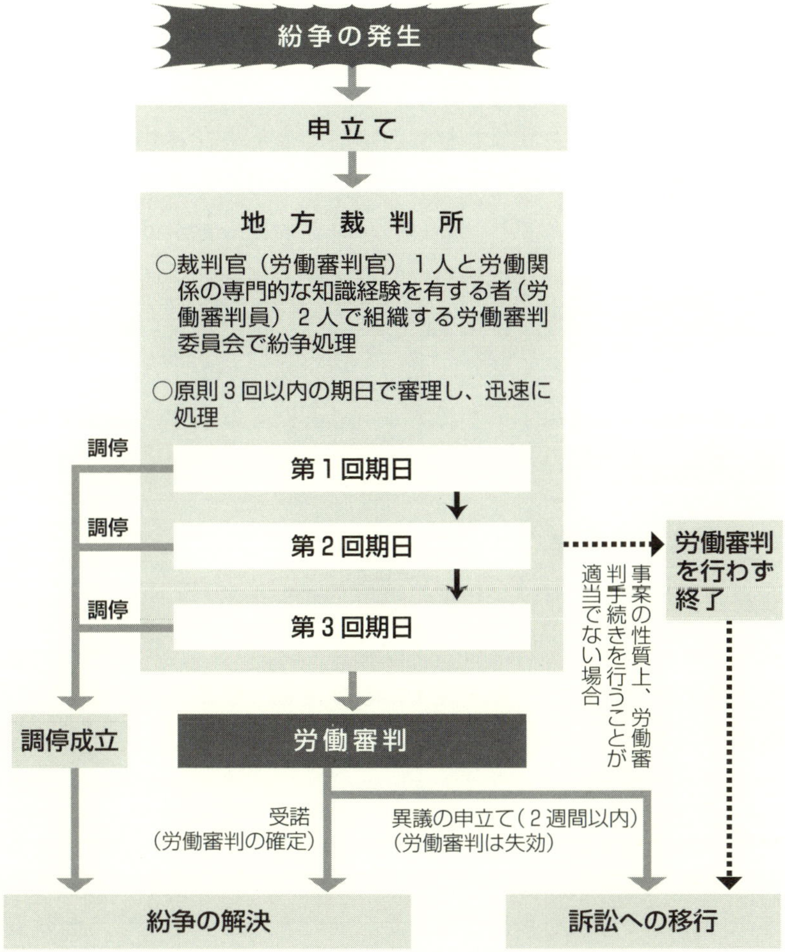

具体的には正本＋相手方の数に３を足した写しを提出することになります。その際に審判のための費用や切手代も支払うことになりますが、必要になる費用の具体的な金額、支払方法については、あらかじめ申立てを行う地方裁判所に問い合わせておくのがよいでしょう。

証拠の提出

労働審判手続きでは申立書を提出する際に、証拠となるものも一緒に提出することになります。

たとえば、解雇された場合には解雇通知、あるいは給与明細書などがそうした証拠になります。会社とのやりとりを録音したテープなどがあればそれも証拠になります（テープだけでなく文字として起こしたものも添付しておきましょう）し、具体的に何らかの嫌がらせやいじめなどを受けた場面を撮影したビデオテープも証拠となります。

もっとも、不必要なものまでたくさん出しすぎるとかえって混乱を招くことにもなりかねません。そのため、証拠が多すぎる場合には重要な証拠に絞って提出するか、あるいは証拠を整理するような書面を一緒に提出するようにしておいた方がよいでしょう。

証拠説明書を書く上での注意点

証拠説明書とは、証拠書類を一覧にしてまとめたものです。申立書と一緒に提出します。申立書の甲号証というのは、証拠の種類のことです。証拠のうち、申立人が提出する証拠を甲号証、相手方が提出する証拠を乙号証といいます。そのため、労働者が申立人となる場合には甲号証を提出することになります。

証拠説明書には、証拠の表題、作成年月日、作成者、立証趣旨を記載します。立証趣旨とは申立て事項のうち、「どのような事実を証明するためにこの証拠を提出するのか」ということを記載する部分ですので、端的にわかりやすく記載することが必要です。

10 都道府県の個別労働関係紛争解決制度を利用するには

どこに相談したらよいのかわからないものも広く扱っている

個別労働関係紛争解決制度の特徴は何か

「個別労働関係紛争の解決の促進に関する法律」に基づいて作られた**個別労働関係紛争解決制度**は、労働者と会社間のトラブルが発生するのを未然に防いだり、迅速に解決するために作られた制度です。裁判やＡＤＲ、弁護士会による仲裁などとは異なって無料で援助を受けることができるため利用しやすいのが特徴で、深刻な状況となる前に解決できる場合もあります。個別労働関係紛争解決制度によって都道府県労働局には総合労働相談コーナーが設置されています。

相談コーナーでは、労働問題に関する総合的な窓口で、寄せられた相談内容が紛争解決援助の対象となる場合とそうでない場合とに適切に振り分けてくれます。したがって、法的な知識がない当事者が必要な情報を得たい場合やどこに相談すればよいかわからない場合などの利用に向いています。

どんな紛争が対象なのか

個別労働関係紛争解決制度の総合窓口となる総合労働相談コーナーが対象とする紛争は、労働問題全般に及びます。具体的には、解雇や雇い止め、配転、労働条件の変更、募集、採用、男女均等取扱、セクハラ、いじめなどが含まれます。

総合労働相談コーナーでは労働問題全般についての相談を受けていますが、このうち労働条件その他労働関係に関することについて起きた個別紛争の相談の場合には、労働局長による助言（当事者に話合いを促すこと）・指導（解決の方向性を示すこと）や紛争調整委員会によるあっせんの対象となります。

具体的には、①労働条件に関する紛争（解雇、雇い止め、配転、出向、昇進、労働条件の不利益変更など）、②労働環境に関する紛争（いじめ、嫌がらせなど）、③雇用契約に関する紛争（会社分割による雇用契約の承継、同業他社への就業禁止など）、④募集・採用に関する紛争、その他労働関係に関する紛争（退職に伴う研修費用の返還、営業車などの会社の所有物を破損した場合の損害賠償に関する紛争など）が対象となります。ただし、このうち募集・採用に関する紛争については、労働局長による助言・指導のみが対象とされています。

向かない紛争、対象にならない紛争にはどんなものがあるのか

まず、賃金の未払いや残業代、解雇予告手当の不払いのように、明らかに労働基準法などの法令に違反するケースについては、労働基準監督署に相談して、調査・指導してもらう方がよいでしょう。

個別労働関係紛争解決制度の対象は、個々の労働者と会社との間に生じるトラブルですから、労働組合と事業主との間で生じた紛争、労働者間での紛争、その問題が労働組合と事業主との間ですでに問題として取り上げられていて、解決をめざして話合いが進められている紛争などについては、個別労働関係紛争解決制度を利用することはできません。また、セクハラやパートタイム労働者の待遇、育児介護にかかわる問題については、雇用均等室が行う別の紛争解決援助制度が用意されているので、個別労働紛争解決制度の対象からは外れています。

実際のところ、個別労働紛争解決制度は出席を強制する制度ではないので、会社側が出席を拒否してしまうことも多いようです。あくまで話合いが成立する見込みがあるトラブルに利用するのがよいでしょう。

あっせんの手続きとは

あっせんとは、紛争当事者間の話合いに紛争調整委員会が介入する

ことです。その上で、双方の言い分を確かめ、紛争当事者間の話合いを促進することで紛争の解決を図ることをいいます。あっせんの手続きは、参加を強制されるものではありません。事業主の方もあっせんに参加することを強制されたり、あるいはしなかったことによって、不利益を被ることはないのです。そして、あっせん申請をした労働者への不利益取扱いも禁止されています。

個別労働関係紛争解決制度の内容は次のとおりです。

① 情報提供、相談を行っている

都道府県労働局では、個別労働関係紛争の未然防止と自主的な解決の促進のため、労働者または事業主に対して情報の提供、相談その他の援助を行います。

② 助言と指導が行われる

労働局長による助言・指導は、紛争当事者に対して紛争の問題点を

■ 都道府県労働局のあっせん手続きの流れ

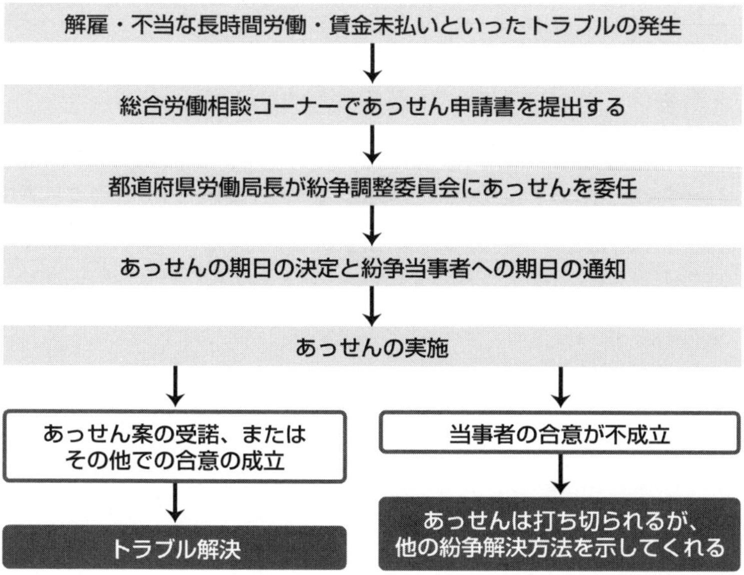

指摘して解決の方向を示唆することで当事者が自主的に解決することを促す制度です。

個別労働関係のトラブルについて当事者の双方または一方から解決するための支援を求められた場合には、当事者に対し、必要な助言または指導をすることができます。

③　紛争調整委員会のあっせん

当事者間での話合いによる解決に至らなかった場合には、紛争調整委員会によるあっせんを受けるか他の紛争解決機関による解決をめざすことになります。あっせんを利用する場合にはあっせん申請書（第４章で個別に書式を掲載）を提出します。当事者の双方または一方からあっせんの申請があった場合で、その紛争を解決するために必要があるときは、紛争調整委員会のあっせん委員があっせんを行います。あっせん委員は、当事者間をあっせんし、双方の主張の要点を確かめ、状況にあわせて紛争の解決にむけて尽力してくれます。あっせん案は、話合いの方向性を示すもので、その受諾が強制されるものではありません。しかし、当事者間であっせん案に合意した場合は、そのあっせん案は民法上の和解契約の効力をもちます。当事者があっせん案に合意した場合は、それでトラブルは解決します。

あっせんが合意に至らなかったり、相手方があっせん手続きに参加しなかった場合には、トラブルは解決しませんので、労働審判や訴訟など別の解決手段を求めることになります。

11 その他の法的手段にはどんなものがあるのか

調停になじまないような事件であれば訴訟もやむを得ない

訴訟や支払督促といった手段もある

話合いが成立する可能性があるようなケースでは、これまで説明してきた民事調停や労働審判の利用が考えられます。ただ、債権の存在が明らかな場合や当事者間の対立が決定的なケースでは、以下のようにその他の手段を検討することになります。

・支払督促

支払督促は、簡易裁判所の書記官を通じて相手方に対して債務を支払うように督促する手続きです。相手方との間で債権の存在の有無について食い違いがない場合に効果があります。仮執行宣言（判決や支払督促が確定する前に、強制執行できる効力を与える裁判のこと）がついた支払督促（仮執行宣言付支払督促）は債務名義となります。

・少額訴訟

少額訴訟は、回収しようとする金額が60万円以下の場合に利用できる簡易な訴訟です。訴訟を提起する裁判所は、簡易裁判所となります。

手続きが簡単なため、自分で手軽に利用できます。

・通常訴訟

紛争の最終的な解決手段として利用されることが多い手続きです。裁判所に対して訴訟を提起し、勝訴判決を得ることによって目的を実現します。勝訴しても、相手方が従わない場合には、強制執行（55ページ）の手続きをとる必要があります。なお、訴訟や調停、支払督促などの法的手段を利用する場合、裁判所へ訴訟費用を納めなければなりません。請求金額に応じて納める手数料（収入印紙）と相手方の呼出しに使用する費用（郵便切手）などが必要になります。申立てや訴えに必要な手数料の目安は次ページの表の通りです。

■ 裁判所への手数料一覧

単位：円（平成25年２月現在）

訴額等＼手数料	訴えの提起	支払督促の申立て	借地非訟事件の申立て	民事調停・労働審判手続の申立て	控訴の提起	上告の提起
10万まで	1,000	500	400	500	1,500	2,000
20万	2,000	1,000	800	1,000	3,000	4,000
30万	3,000	1,500	1,200	1,500	4,500	6,000
40万	4,000	2,000	1,600	2,000	6,000	8,000
50万	5,000	2,500	2,000	2,500	7,500	10,000
60万	6,000	3,000	2,400	3,000	9,000	12,000
70万	7,000	3,500	2,800	3,500	10,500	14,000
80万	8,000	4,000	3,200	4,000	12,000	16,000
90万	9,000	4,500	3,600	4,500	13,500	18,000
100万	10,000	5,000	4,000	5,000	15,000	20,000
120万	11,000	5,500	4,400	5,500	16,500	22,000
140万	12,000	6,000	4,800	6,000	18,000	24,000
160万	13,000	6,500	5,200	6,500	19,500	26,000
180万	14,000	7,000	5,600	7,000	21,000	28,000
200万	15,000	7,500	6,000	7,500	22,500	30,000
220万	16,000	8,000	6,400	8,000	24,000	32,000
240万	17,000	8,500	6,800	8,500	25,500	34,000
260万	18,000	9,000	7,200	9,000	27,000	36,000
280万	19,000	9,500	7,600	9,500	28,500	38,000
300万	20,000	10,000	8,000	10,000	30,000	40,000
320万	21,000	10,500	8,400	10,500	31,500	42,000
340万	22,000	11,000	8,800	11,000	33,000	44,000
360万	23,000	11,500	9,200	11,500	34,500	46,000
380万	24,000	12,000	9,600	12,000	36,000	48,000
400万	25,000	12,500	10,000	12,500	37,500	50,000
420万	26,000	13,000	10,400	13,000	39,000	52,000
440万	27,000	13,500	10,800	13,500	40,500	54,000
460万	28,000	14,000	11,200	14,000	42,000	56,000
480万	29,000	14,500	11,600	14,500	43,500	58,000
500万	30,000	15,000	12,000	15,000	45,000	60,000
550万	32,000	16,000	12,800	16,000	48,000	64,000
600万	34,000	17,000	13,600	17,000	51,000	68,000
650万	36,000	18,000	14,400	18,000	54,000	72,000
700万	38,000	19,000	15,200	19,000	57,000	76,000
750万	40,000	20,000	16,000	20,000	60,000	80,000
800万	42,000	21,000	16,800	21,000	63,000	84,000
850万	44,000	22,000	17,600	22,000	66,000	88,000
900万	46,000	23,000	18,400	23,000	69,000	92,000
950万	48,000	24,000	19,200	24,000	72,000	96,000
1000万	50,000	25,000	20,000	25,000	75,000	100,000

変額制の手数料額算出方法

手続の種別＼訴額等	100万円までの部分，価額10万円までごとに	100万円を超え500万円までの部分，価額20万円までごとに	500万円を超え1000万円までの部分，50万円までごとに	1000万円を超え10億円までの部分，100万円までごとに	10億円を超え50億円までの部分，価額500万円までごとに	50億円を超える部分，価額1000万円までごとに
訴え提起	1,000円	1,000円	2,000円	3,000円	10,000円	10,000円
借地非訟	400円	400円	800円	1,200円	4,000円	4,000円
民事調停	500円	500円	1,000円	1,200円	4,000円	4,000円
支払督促は訴え提起の２分の１の額，控訴提起は訴え提起の1.5倍の額，上告提起は同２倍の額						

12 勝ち取った判決を実行に移すのが強制執行

債務名義、執行文、送達証明書の３つが必要

強制執行とは

せっかく苦労して手に入れた勝訴判決でも、それだけでは権利の実現も完全ではありません。判決は、紛争に対する裁判所の判断にすぎません。被告が判決にしたがって、自主的に判決内容を実現してくれる場合はよいのですが、中には、判決などまったく意に介さない人もいます。

そのような場合には、**強制執行**をしなければなりません。強制執行は、裁判所が、権利者の権利内容を強制的に実現してくれる手続きです。

たいていの被告は、判決が確定すればそれに従うことが多いものですが、従わない場合には強制執行という手続きが必要になります。

強制執行をするために必要な３点セット

裁判に勝ったからといって、ただちに被告の財産に対し強制執行できるわけではありません。

①　債務名義

まず、強制執行の根拠となる債務名義とよばれるものを手に入れなければなりません。**債務名義**とは、わかりやすく言えば、強制執行を許可する文書ということになります。当事者間で債権債務という法律関係の有無について争いがあって、一定の慎重な手続きに従って紛争に終止符が打たれ、債権債務関係が明確になった場合に、その結果は文書という形で残されます。

なお、労働トラブルで法的手段を利用する場合、訴訟や民事調停、労働審判などを利用することになりますが、債務名義となるものの代表例が裁判所の判決です。判決以外にも、和解が成立した場合の和解

調書、調停が成立した場合の調停調書、仮執行宣言付支払督促（53ページ）、異議の申立てがなかった場合の労働審判などが債務名義となります。個別労働紛争解決制度のあっせんに合意した場合に作成される合意文書は債務名義そのものにはならないので、強制執行するためには債務名義を得るための支払督促、訴訟などの手続きが必要です。別の観点からいえば、強制執行は、こうした債務名義があれば訴訟を経由しなくても可能であるということになります。

② 執行文

次に、債務名義の末尾に「強制執行をしてもよろしい」という「執行文」をつけてもらいます。

執行文とは、債務名義の執行力が現存することを公に証明する文書であると考えておいてよいでしょう。つまり、その時点で執行することを、公に証明している文書ということです。そもそも債務名義があると強制執行を申し立てることができます。ただ、それだけで強制執行ができるのかというと、そうではありません。会社が合併して別の法人となっていれば、債務者の名義の異なった債務名義でそのまま強制執行をすると、問題が生じてしまいます。このような問題を避けるために、債務名義のまま強制執行する効力があることを確認する手続きが用意されています。

■ 強制執行に必要な3点セット

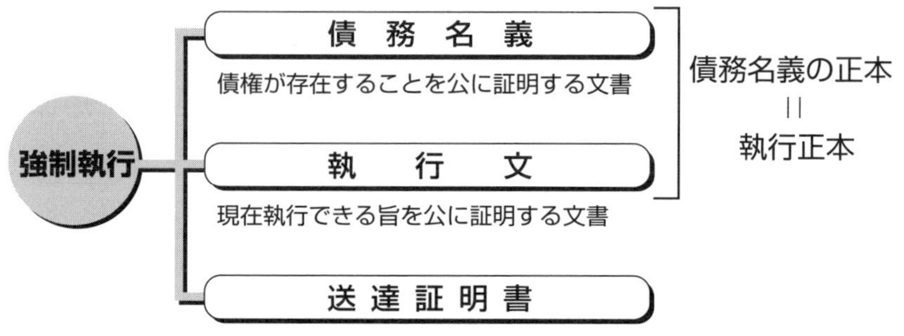

これを**執行文の付与**といいます。債権者が強制執行を申し立てた時点で、債務名義に執行力があることをチェックしてもらい、それを証明する文をつけてもらうのです。

執行文の付与は執行力を証明することなので、証明することができる資料を保有している機関が行います。判決や調書といった裁判所が関与する債務名義については、その事件の記録が存在している裁判所の書記官が行います。執行証書については、その原本を保管している公証人が行うことになります。

③　送達証明書

さらに、強制執行を行う場合、あらかじめ債務者にあてて、債務名

■ 債務名義になるもの

債務名義になるもの	備　考
判決	確定しているものでなければならない 執行申立てに、執行文、送達証明書、確定証明書が必要
仮執行宣言付きの判決	確定していないが一応執行してよいもの 執行申立てに、執行文、送達証明書が必要
支払督促＋仮執行宣言	仮執行宣言を申し立てる 執行申立てに、送達証明書が必要
執行証書	金銭支払のみ強制執行が可能 執行申立てに、執行文、送達証明書が必要
仲裁判断＋執行決定	執行決定を求めれば執行できる 事案によって、執行文、送達証明書、確定証明書の要否が異なる
和解調書	「○○円払う」といった内容について執行可能 執行申立てに、執行文、送達証明書が必要
認諾調書	請求の認諾についての調書 執行申立てに、執行文、送達証明書が必要
調停調書	「○○円払う」といった内容について執行可能 執行申立てに、執行文、送達証明書が必要

※一部の家事事件についての調停証書や和解調書については、執行文は不要

義の主旨を送達するか、または執行と同時に示すよう義務づけられています。そして債務者がその通知を確かに受け取ったという送達証明書を手に入れます。送達証明書は、債務者にこういう内容の強制執行をします、という予告です。債務者がこの時点で、自ら義務を果たすということもありえます。

以上、「債務名義・執行文・送達証明書」の３点セットがそろってはじめて強制執行をしてもらう準備ができたことになります。

強制執行の種類にはどんなものがあるのか

強制執行は民事執行法で規定されていますが、以下のような種類に分けることができます。

①　金銭の支払いを目的とする強制執行

強制執行の目的としては、まず、金銭の支払いを目的とするものが挙げられます。借金を返済してもらえないケースや、売買で目的物を引き渡したにもかかわらず代金を支払ってもらえないケースの強制執行です。

金銭の支払いを目的とするといっても、もともと担保権の設定を受けずに債務者の財産を現金に変えて弁済を受ける場合と、設定されている担保権を実行する場合とがあります。**担保権の実行**とは、目的物を競売にかけて換価（換金）し、その中から債権を回収するということです。なお、担保権の設定されていない強制執行では、強制執行の対象に従って、以下の４種類に分類されます。なお、不動産に対する強制執行には、強制競売と強制管理（金銭債権に基づいて執行裁判所が債務者の有する不動産を差し押さえ、その不動産を管理して収益をあげ、その収益を債権者に分配して債権者への弁済にあてるという執行方法のこと）の２つの方法があります。

・不動産に対する強制執行

・動産に対する強制執行

・債権に対する強制執行
・その他の財産権に対する強制執行

② 金銭の支払いを目的としない強制執行

強制執行には、金銭の支払いを目的としない場合もあります。

たとえば、土地を借りている賃借人が、契約が終了したにもかかわらず土地を明け渡さない場合に、建物を収去し、土地を明け渡してもらうための強制執行、売買契約を締結し、代金も支払ったにもかかわらず売主が目的物を引き渡さない場合に、目的物の引渡しを実現するための強制執行などがあります。

③ 仮差押・仮処分の執行

強制執行は、一般的には、判決などを実現するための手続きですが、債権者の権利を確保するための仮の命令を裁判所にしてもらうための、仮差押・仮処分の執行もあります。

強制執行はどのように行われるのか

執行機関とは、強制執行を行う権限がある国の機関をいいます。通常は地方裁判所か、地方裁判所にいる執行官です。被告のどんな財産に強制執行するかについては、基本的に原告の自由です。被告が不動産をもっていれば不動産を対象に、そうでなければ家財道具などの動

■ 強制執行手続き

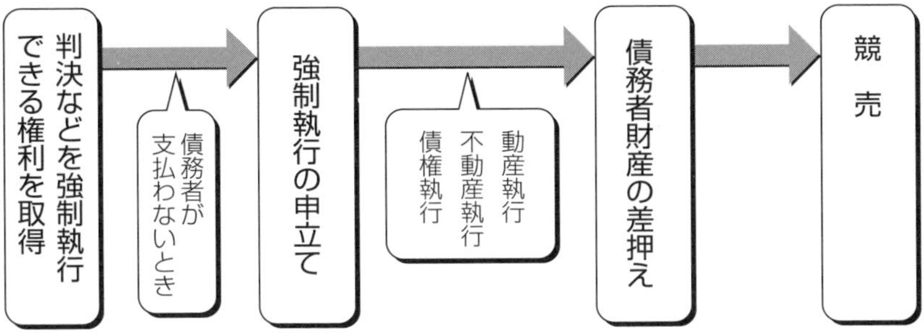

産や、給与や銀行預金などの債権を対象にします。

手順はおおむね次のようになります。まず、執行官等が、被告の財産を差し押えます。これによって、強制執行の対象となる財産を凍結するわけです。つまり、被告は今後、財産を他人などに売却することができなくなるので、被告の財産を確保することができます。次に、不動産や物であればそれを競売にかけて売り払います。売り払った代金から、原告の取り分を渡した後、残りがあれば被告に返還します。強制執行の対象によって、多少手続きに違いがありますが、被告の財産から原告の取り分を作りだし、それを原告が手に入れることができる、というしくみになっています。

少額訴訟により解決した場合に利用できる手続き

強制執行は通常、地方裁判所が行いますが、少額訴訟にかかる債務名義による強制執行（債権執行）は、債務名義（少額訴訟における確定判決や仮執行宣言を付した少額訴訟の判決など）を作成した簡易裁判所の裁判所書記官も行うことができます。この裁判所書記官が行う強制執行を少額訴訟債権執行といいます。

少額訴訟債権執行は、少額訴訟手続きをより使いやすいものにするためにつくられた制度です。少額訴訟自体が、少額の金銭トラブルに対して、手間暇のかかる通常の訴訟をするのは割に合わないという、状況を改善するために作られた制度でした。そのため、少額訴訟は、手続きが簡単で、すぐに訴訟の結果がでます。ですから、少額訴訟のスピーディさを生かすためには、少額訴訟の執行手続きも簡易なものにする必要がありました。

少額債権執行により、訴訟から執行手続きまで一気にかたがつくことになります。少額訴訟債権執行は、債権者の申立てによって、行われますが、少額訴訟債権執行を利用することなく、通常の強制執行手続きによることもできます。

13 保全手続きとはどんな手続きなのか

裁判所を通した債権の保全手続きを理解しておく

債務者の財産を確保しておく

トラブルに巻き込まれて訴訟を起こした場合、たとえ勝訴しても、すぐに強制執行ができるわけではありません。勝訴するまでにかなりの時間がかかり、勝訴してからもそれなりの時間がかかるため、その時間が経過する間に、債務者が自分の財産の中で価値の高い物を他の債権者や第三者に売却されてしまう可能性があります。

そうなると、やっと強制執行手続きが開始したときには、債務者の元から価値の高い財産はすべて売却されており、せっかくの強制執行も実際には何の役にも立たないというケースも考えられます。

また、権利関係を争うようなトラブルの場合、訴訟で決着をつけるにあたってとりあえず仮の地位や状態を確保しておかなければならないようなケースもあります。このような場合に活用できるのが**保全手続き**（保全処分）です。保全手続きとは、債権者が強制執行をかける場合に備えて、債務者の財産や申立人の仮の地位、当事者の権利関係をあらかじめ確保しておく制度をいいます。

仮差押と仮処分

保全手続きは大きく仮差押と仮処分の２つに分けられます。

①　仮差押

金銭債権（金銭の支払いを目的とする債権）を確保するために、金銭債権の債務者が所有する特定の財産について現状を維持する保全手続きです。たとえば、ＡがＢに対して金銭債権を持っているとします。この場合に、ＡがＢの土地の仮差押をしたときには、Ｂがその土地を売却したりする処分を行おうとして制限が加えられます。

② 仮処分

仮処分は、仮差押と異なり金銭債権以外の権利を保全するために行われます。仮処分には、係争物に関する仮処分（物の引渡請求や明渡請求をするため、目的物の現状を維持する処分のこと）と仮の地位を定める仮処分（権利関係が争われている場合に暫定的に仮の地位を定めること）があります。具体的には、占有移転禁止の仮処分や従業員が不当解雇された場合の賃金の仮払いを求める仮処分などがあります。

保全手続きの流れをつかむ

仮差押・仮処分の大まかな手続きの流れは以下のようになります。

まず裁判所に「仮差押命令」「仮処分命令」の申立てをします。この申立ては書面で行うのが原則です。

次に、その申立てを受けた裁判所が債権者に審尋（面接）などをします。審尋では、保全の必要性や保証金の決定などについて裁判所が債権者に質問をします。さらに、裁判所が決定した仮差押・仮処分の保証金を納付します。その後に裁判所が仮差押・仮処分の決定をし、実際の執行がなされます。債務者に保全手続きを命ずるのは裁判所です。

保全命令の申立てをする

保全命令の申立ては、書面（申立書）によって行います。申立書には、被保全債権の内容とその保全の必要性を明らかにする資料、目的物の目録・謄本などを添付します。申し立てる裁判所は、原則として、債務者の住所地を管轄する地方裁判所ですが、詳細については、民事保全法、民事訴訟法で定められています。民事保全の申立ては、本案（民事保全の申立ての目的である権利についての訴えのこと）を提起する前もしくは同時になされるのが一般的です。申立先を間違えた場合、民事保全法によれば、裁判所の職権で必ず移送しなければならないことになっています。ただし、実務上は、裁判所書記官から債権者が管轄違いの指摘を受けた後で、自発的に申立てを取り下げて、管轄裁判所に申し立てることがほとんどです。

被保全権利について疎明をする

仮差押・仮処分の申立てに際しては、被保全権利（保全してもらいたい債務者に対する債権）が実際に存在することを疎明する必要があります。疎明とは、裁判官を一応納得させる程度の説明で、裁判で必要される証明よりも程度が緩やかなものをいいます。つまり、被保全権利が実際に存在することを裁判官に納得してもらえればよいのです。疎明に際しては、被保全権利についての債務者との契約書などを資料として提出します。

保全の必要性

保全手続きの申立てでは、被保全権利の存在が認められるだけでは不十分です。さらに、現時点で保全手続きをする必要性、つまり「保全の必要性」についても疎明する必要があります。

■ 民事保全の全体像

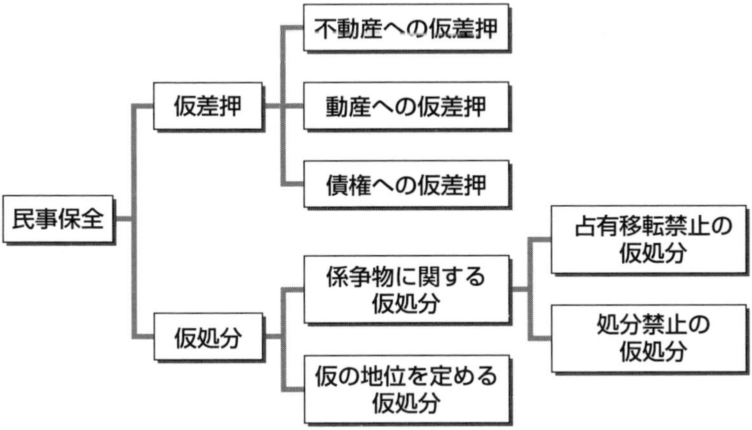

たとえば、ＡがＢに対してもつ債権の支払について、勝訴判決を得たとします。このとき、Ｂが唯一の財産である不動産を売却処分しようとしており、この不動産が処分されるとＡが勝訴判決を得ても強制執行をできる財産がなくなってしまう、などの具体的な事情を疎明できることが必要になります。

目的財産を特定する

仮差押を行う場合に、債務者のどの財産に仮差押をかけるのかを明らかにするため目的財産を特定する必要があります。ただし、動産の仮差押の場合には特定する必要はありません。

債権に対する仮差押

保全処分として、債務者が第三者に対してもつ債権を仮差押することもできます。たとえば、ＡがＢに対して被保全債権をもっていて、ＢはＣ（第三債務者）に対して債権をもっているとします。このとき、ＡはＢのＣに対する債権の仮差押ができます。

債権の仮差押をする場合には、債務者の第三債務者に対する債権の存否などを確認する必要があります。

なぜなら、債務者が第三債務者に対して債権をもっていなかったり、

■ 債権に対する仮差押のイメージ

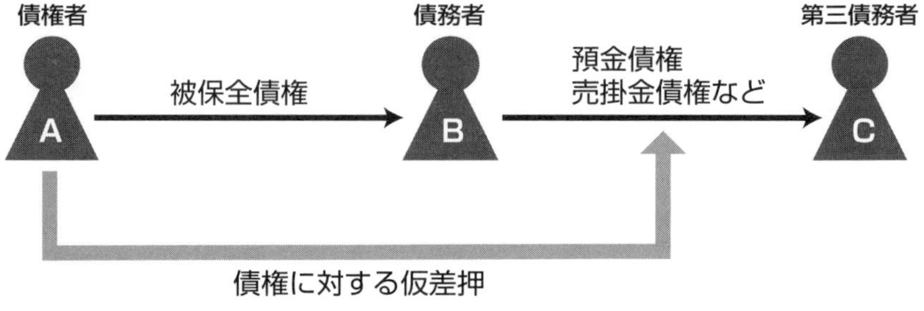

その債権の金額が被保全債権の金額に不足していたりするのでは、仮差押をしてもムダだからです。そのため、仮差押命令の申立てと同時に「第三債務者に対する陳述催告の申立て」も行います。

債権者の審尋をする

保全処分の申立てについての裁判所の判断は、申立書と疎明資料だけでなされるのが原則です。これは、保全手続きの迅速性を確保するためですが、実際には審尋という手続きがなされています。

審尋とは、裁判所に債権者が出頭し、裁判官に証拠資料の原本を確認してもらい（通常証拠資料のコピーを提出します）、保全手続きの必要性を疎明し、担保（保証金）について裁判官と協議をする手続きです。

担保（保証金）を立てる

仮差押・仮処分は、債権者の言い分だけに基づく、裁判所による「仮の」決定です。後日、債権者が訴訟提起をして敗訴することもあります。そのような場合には、仮差押・仮処分の相手には、損失が生じる可能性があります。そこで、裁判所は、債務者が被る損害賠償を担保する目的で、債権者（申立人）に対して一定額の保証金を納付することを求めることができます。

■ 民事保全の流れ

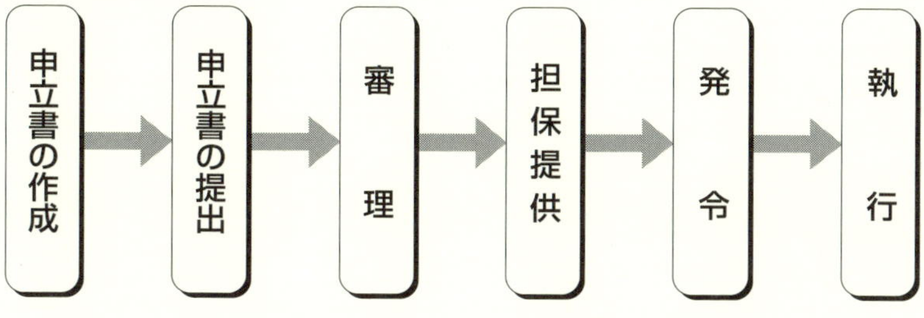

14 事実関係の確認にはまず内容証明郵便を出す

法的効力はないが相手に心理的プレッシャーをかけることができる

内容証明郵便とは

内容証明郵便は、誰が、どんな内容の郵便を、誰に送ったのか、を郵便局（日本郵便株式会社）が証明してくれる特殊な郵便です。

内容証明郵便を配達証明付ということにしておけば、郵便物を発信した事実から、その内容、さらには相手に配達されたことまで証明をしてもらえます。後々訴訟になった場合の強力な証拠にもなります。内容証明郵便を送付しただけで、トラブルがすぐに解決できるというわけではありませんが、特殊な郵便物ですから、それを受け取った側は、たいてい何らかの反応をしてきます。そのため、内容証明郵便の送付がトラブル解決のきっかけとなるケースはあるといえるでしょう。

内容証明郵便は受取人にある程度のインパクトを与える郵便です。後々訴訟などになった場合、証明力の高い文書として利用することに

■ 内容証明郵便の書き方

用紙	市販されているものもあるが、特に指定はない。 B4判、A4判、B5判が使用されている。
文字	日本語のみ。かな（ひらがな、カタカナ）、 漢字、数字（漢数字）、かっこ、句読点。 外国語（英字）は不可（固有名詞に限り使用可）
文字数と行数	縦書きの場合　：20字以内×26行以内 横書きの場合①：20字以内×26行以内 横書きの場合②：26字以内×20行以内 横書きの場合③：13字以内×40行以内
料金	文書1枚（420円）＋ 郵送料（80円）＋ 書留料（420円）＋ 配達証明料（差出時300円） ＝1220円　文書が1枚増えるごとに250円加算

もなります。また、一度送ってしまったら、後で訂正はできません。このことから、内容証明郵便で出す文書は、事実関係を十分に調査・確認した上で正確に記入することが必要です。誤った事実や内容が書いてあると、将来裁判になった場合に、主張や請求の根拠について疑いを持たれかねません。

また、本論に関係のないよけいなことが書いてあったり、あいまい・不正確な表現がなされていたりすると、相手方に揚げ足を取られることにもなります。表現はできるだけ簡潔に、しかも明確に書くことが大事です。前置きは省略して本論から書き始めるようにしましょう。

1枚の用紙に書ける字数が決まっている

内容証明郵便で1枚の用紙に書ける文字数には前ページの図のように制約があります。つまり、用紙1枚に520字までを最大限とするわけです。もちろん、長文になれば、用紙は2枚、3枚となってもかま

■ 文字の取扱いの注意点

- **句読点**
  「、」や「。」は1文字扱い
- **□の扱い**
  文字を□で囲うこともできるが、□を1文字としてカウントする。たとえば、「角角」という記載については3文字として扱う
- **下線つきの文字**
  下線をつけた文字については下線と文字を含めて1文字として扱う。たとえば「3か月以内」は5文字扱い
- **記号の文字数**
  「%」は1文字として扱う
  「㎡」は2文字として扱う
- **1字下げをした場合**
  文頭など、字下げをした場合、空いたスペースは1字とは扱わない

いません。ただし、枚数に制限はありませんが、１枚ごとに料金が必要になります。

使用できる文字は、ひらがな・カタカナ・漢字・数字です。英語は固有名詞に限り使用可能ですが、数字は算用数字でも漢数字でも使用できます。また、句読点や括弧なども１字と数えます。一般に記号として使用されている＋、－、％、＝なども使用できます。

①、⑵などの丸囲み、括弧つきの数字は、文中の順序を示す記号として使われている場合は１字、そうでない場合は２字として数えます。用紙が２枚以上になる場合には、ホチキスや糊でとじて、ページのつなぎ目に左右の用紙へまたがるように、差出人のハンコを押します（割印）。なお、このハンコは認印でもかまいません。

郵便局へ持って行く

こうしてできた同文の書面３通（受取人が複数ある場合には、その数に２通を加えた数）と、差出人・受取人の住所氏名を書いた封筒を受取人の数だけ持って、郵便局の窓口へ持参します。郵便局は、近隣のうち集配を行う郵便局と地方郵便局長の指定した無集配郵便局を選んでください。

郵便局に提出するのは、内容証明の文書、それに記載された差出人・受取人と同一の住所・氏名が書かれた封筒です。窓口で、それぞれの書面に「確かに何日に受け付けました」という内容の証明文と日付の明記されたスタンプが押されます。その後、文書を封筒に入れて再び窓口に差し出します。そして、引き替えに受領証と控え用の文書が交付されます。これは後々の証明になりますから、大切に保管しておいてください。

料金と配達証明について

料金は内容証明料金が１枚につき420円（１枚増えるごとに250円加

算)、書留料金420円、通常の郵便料金80円（25ｇまで）、配達証明料金は300円になります。

配達証明の依頼は、普通、内容証明郵便を出すときにいっしょに申し出ますが、投函後でも１年以内であれば、配達証明を出してもらうことができます。この場合の配達証明料は420円になります。

●電子内容証明郵便という制度がある

電子内容証明郵便とは、現在の内容証明郵便を電子化して、インターネットを通じて24時間受付を行うサービスです。受付はインターネットを通じて行われるため、24時間いつでも申込みをすることができます。しかも、文書データを送信すれば、自動的に３部作成し処理してくれますので、手続きは短時間で終了します。差出人から送信された電子内容証明文書のデータは、郵便局の電子内容証明システムで受け付けます。その後、証明文と日付印が文書内に挿入されてプリントアウトされ、できあがった文書は封筒に入れられて発送されます。

利用方法や登録、料金納付の方法（原則としてクレジットカードで行います）は、http://enaiyo.post.japanpost.jp/mpt/を参照してください。

■ 内容証明郵便の出し方

```
┌─────────────────┐
│ 内容証明郵便を取り扱う │
│ 郵便局の書類窓口へ行く │
└─────────────────┘
          ↓
┌─────────────────┐
│ 提出書類を再チェックして│
│ 「配達証明付きで」と指定│
└─────────────────┘
          ↓
┌─────────────────┐
│ 郵便局側の確認作業    │
│ （受領書の発行）      │
└─────────────────┘
```

● 提出書類 ●
・郵送文書も含め最低3通
・封筒
・訂正用の印鑑
・料金

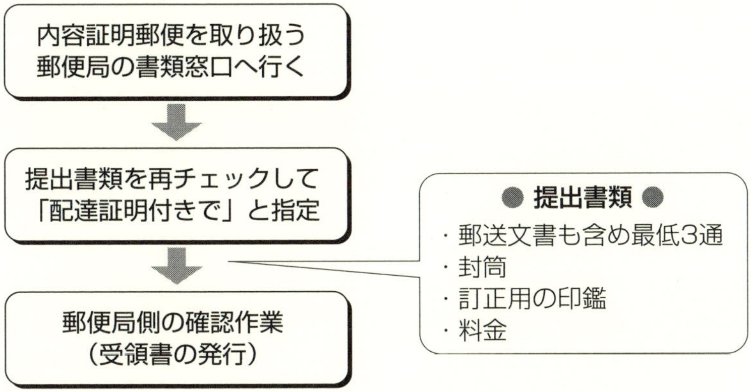

15 公正証書とはどんなものか知っておこう

約束を守らない者の財産に強制執行ができる

公正証書には「執行受諾文言」の記載を忘れずにする

公正証書とは、公証人という特殊の資格者が、当事者の申立てに基づいて作成する文書で、一般の文書よりも強い法的な効力が認められています。公証人は、裁判官・検察官・弁護士といった法律実務経験者や一定の資格者の中から、法務大臣によって任命されます。裁判官経験者が比較的多いようです。

公正証書は一定の要件を備えれば、債務名義（強制執行の根拠となる債権の存在・内容を証明する文書）となります。そこで、公正証書に基づいて強制執行（債務者が債務を履行しない場合に裁判所や執行官に申し立てることによって行われる強制的に権利を実現する手続きのこと）を行うことが可能になります。公正証書のこのような効力を**執行力**といいます。

ただ、どんな契約書でも公正証書にすれば債務名義となりうるわけではありません。これには以下のような２つの条件が必要です。

１つは、請求内容が、一定額の金銭の支払いや一定数量の代替物または有価証券の給付であることで、もう１つは、債務者が「債務を履行しない場合には強制執行を受けても文句は言わない」旨の記載がなされていることです。この記載を、**執行受諾文言**または**執行認諾約款**といいます。執行受諾文言は、公正証書に基づいて強制執行を行うためには欠かすことのできない文言ですから、忘れずに入れてもらうようにしましょう。この記載があれば、公正証書に記載された一定額の金銭の支払いについて、訴訟を経なくても強制執行を申し立てることができるわけです。

公証役場で手続きをする

公証人がいる所を公証役場といいます。公正証書を作成するには、公証役場へ行きます。わからない場合には、日本公証人連合会（03－3502－8050）に電話をすれば教えてもらえます。債権者と債務者が一緒に公証役場に出向いて、公証人に公正証書を作成することをお願いします（これを嘱託といいます）。事前の相談や連絡は、当事者の一方だけでもできますが、契約書を公正証書にする場合には、契約当事者双方が出向く必要があります。

ただし、実際に本人が行かなくても代理人に行ってもらうことは可能です。公証役場では、まず当事者に人違いがないかどうかを確認します。公証人自身が当事者と面識があるような特別のケースを除いて多くの場合は、本人確認のために発行後３か月以内の印鑑証明書を持参することになります。

どのくらいの費用がかかるのか

公正証書の作成を依頼する際には、作成のために必要な費用を支払わなければなりません。具体的には、公証人の手数料を支払うことになっています。公証人に支払う手数料は、公証人手数料令という法令によって具体的に規定されています。

手数料は作成を依頼した公正証書に記載した内容によって異なります。たとえば売買契約についての契約書を公正証書で作成した場合には、その売買代金の額に応じて手数料も増減します。金銭消費貸借契約の場合には、借金の額に応じて手数料が計算されます。

いずれにしても、公正証書の作成を依頼した場合には、作成が完了した時点で現金で支払わなければならないので、公証役場に行く前に、電話などで問い合わせておいた方がよいでしょう。

公正証書の正本の内容はどうなっているのか

作成された公正証書の正本は、嘱託人に交付されます。たとえば、和解契約の公正証書は掲載した記載例（書式２）のような内容になります。正本に記載される内容は、公証人法によって定められており、具体的には、以下の内容が記載されることになっています。

① 全文

② 正本であることの記載

③ 交付請求者の氏名

④ 作成年月日・場所

このうち、契約の内容などが記載されているのは、①の全文です。

全文の内容について

公正証書の正本に記載されている全文は、さらに２つのパートから成り立っています。１つめのパートに具体的な内容（これを本旨と言います）が記載されています。具体的な内容とは、公証人が嘱託人や嘱託人の代理人から聞き取ってそれを録取した契約、事実関係に関する部分のことです。この本旨は、嘱託人が公正証書に記載してもらいたい内容として伝えた内容を実際に公証人が聞き取って記載したものです。具体的には、不動産の売買などであればその売買契約の内容、遺言書の場合には遺言の内容などです。

もう１つのパートには、公正証書に記載された内容そのものについてではなく、公正証書を作成する際の形式についての記載です。この記載は**本旨外記載事項**と言い、公正証書独特の記載内容となっています。契約書などを見た場合に、この本旨外記載事項があるかどうかでその契約書が公正証書による作成なのか、公正証書ではない契約書なのかはすぐにわかります。本旨外記載事項については、公証人法によって、その記載すべき事項が決まっています。具体的には、嘱託人の住所、氏名、年齢、公正証書を作成した年月日、公正証書を作成した場所です。

記載の約束事について

公正証書に記載した内容は、その性質上、簡単に改変されないようにしなければなりません。このため、改変しにくいようにするルールに則って記載することになっています。具体的には、以下のルールに従って記載されます。

・日本語を使って記載する（手書きだけでなくワープロも使用可能）
・続けて書くべき文字や行に間ができた場合、黒線で接続する
・日付・金額・番号などの数字は漢数字で記載する
・後で文字を挿入する場合は、挿入する箇所と字数を欄外の余白部分に記載し、公証人と嘱託人が原本に押印する
・文字を削除する場合は、削除部分が読めるように残し、公証人と嘱託人が原本に押印する（正本については公証人だけが押印）

■ 公正証書の作成、執行文の付与などに必要な手数料 ……………

（平成25年2月現在）

<table>
<tr><td rowspan="9">法律行為に関する証書の作成</td><td colspan="2">目的の価額</td><td>手数料</td></tr>
<tr><td colspan="2">100万円以下</td><td>5,000円</td></tr>
<tr><td colspan="2">200万円以下</td><td>7,000円</td></tr>
<tr><td colspan="2">500万円以下</td><td>11,000円</td></tr>
<tr><td colspan="2">1,000万円以下</td><td>17,000円</td></tr>
<tr><td colspan="2">3,000万円以下</td><td>23,000円</td></tr>
<tr><td colspan="2">5,000万円以下</td><td>29,000円</td></tr>
<tr><td colspan="2">1億円以下</td><td>43,000円</td></tr>
<tr><td colspan="3">1億円～3億円以下43,000～95,000円、
3億円～10億円以下95,000円～249,000円、10億円を超える場合には
249,000円に5,000万円ごとに8,000円を加算する</td></tr>
<tr><td rowspan="7">その他</td><td>私署証書の認証</td><td>11,000円
（証書作成手数料の半額が下回るときはその額）</td><td>外国文認証は6,000円加算</td></tr>
<tr><td>執行文の付与</td><td>1,700円</td><td>再度付与等1,700円加算</td></tr>
<tr><td>正本または謄本の交付</td><td>1枚　250円</td><td></td></tr>
<tr><td>正本・謄本の送達</td><td>1,400円</td><td>郵便料実費額を加算</td></tr>
<tr><td>送達証明</td><td>250円</td><td></td></tr>
<tr><td>閲覧</td><td>1回　200円</td><td></td></tr>
<tr><td>遺言手数料</td><td colspan="2">遺言を受ける人数によって計算します
・目的の価額が1億円までは、法律証書の作成についての手数料額に11,000円加算
・遺言の取消し　11,000円（目的の価額の手数料の半額が下回る場合にはその額）
・秘密証書遺言　11,000円</td></tr>
</table>

書式2　和解契約公正証書

和解契約公正証書

本公証人は、当事者の嘱託により、下記の法律行為に関する陳述の趣旨を録取し、この証書を作成する。

第１条（契約締結）○○○○（以下「甲」という）と○○○○（以下「乙」という）とは、下記交通事故（以下「本件事故」という）において、乙が運転する車両により、自転車で走行中の甲に接触の上、転倒させた件につき、次条以下のとおり和解が成立し、ここに契約（以下「本契約」という）を締結する。

①　事故の日時：平成○○年○月○日午後１１時３０分頃
②　事故の場所：東京都港区六本木○丁目○番○号先路上
③　加害車両　：車種○○○○
　　　　　　　　登録番号　品川○○○-あ-○○○○
④　事故の概要：別添交通事故証明書写しのとおり
⑤　被害の概要：別添診断書写しのとおり

第２条（債務の確認）乙は甲に対し、本件事故の損害賠償として、下記の賠償金の支払債務があり、当該賠償金の総額が金○○円であることを確認する。

①　治療費　　　　　：金○○円
②　治療関係諸費用　：金○○円
③　休業補償　　　　：金○○円
④　慰謝料　　　　　：金○○円
⑤　自転車修理費用　：金○○円

第３条（保険金による充当）甲及び乙は、前条に定める本件事故による賠償金総額金○○円のうち金○○円は、自動車損害賠償保障法に基づき乙が受領した保険金をもってこれに充当することに合意する。

第４条（支払）乙は、甲に対し、残金○○円を下記のとおり、甲の指定する銀行口座に振込み支払う。

① 平成○○年○月○日までに金○○円

② 平成○○年○月○日から平成○○年○月○日まで毎月末日までに金○○円ずつ

第５条（期限の利益喪失）乙が前条に定める支払いを１回でも怠ったときは、甲からの通知催告を要せず期限の利益を失い、乙は甲に対し、直ちに残金全額を支払わなければならない。

第６条（遅延損害金）乙は、前条により期限の利益を失ったときは、甲に対し、残金に対して期限の利益喪失の日の翌日から支払い済みまで日歩○銭の割合による遅延損害金を加算して支払わなければならない。

第７条（清算条項）甲及び乙は、本件事故に関し、本契約に定める以外には、何らの債権債務も存在しないことを相互に確認する。

第８条（強制執行認諾）乙は、本契約に定める金銭債務の履行を怠ったときは、直ちに強制執行を受けても異議がないことを認諾した。

第９条（費用負担）乙は、この証書の作成その他本契約に係る一切の費用を負担する。

以上

本旨外要件

住　所　　東京都○○区××○丁目○番○号

職　業　　会社員

被害者　　○○○○　㊞

昭和○○年○月○日生

上記の者は印鑑証明書を提出させてその人違いでないことを証明させた。

住　所　　東京都○○区××○丁目○番○号

職　業　　無職

加害者　　○○○○　㊞

昭和○○年○月○日生

上記の者は運転免許証を提出させてその人違いでないことを証明させた。

上記列席者に閲覧させたところ、各自その内容の正確なことを承認し、次に署名・押印する。

○○○○　㊞

○○○○　㊞

この証書は、平成○○年○月○日、本公証役場において作成し、次に署名・押印する。

東京都○○区××○丁目○番○号

○○法務局所属

公証人　　○○○○　㊞

この正本は、平成○○年○月○日、被害者○○○○の請求により本職の役場において作成した。

○○法務局所属

公証人　　○○○○　㊞

第2章

借金トラブルの解決書式

1 借金問題を解決するための手段について知っておこう

申立手数料が安い。手続きが柔軟かつスピーディ

借金返済のために借金をしてはいけない

借金整理を考えた時に、直面するのが債権者との減額交渉です。しかし、消費者金融を相手にする場合は、直接交渉するとコワイ思いをしたり、けっこう厄介なことが起こることがありますから、取立ての厳しい業者との交渉には必ず弁護士など法律の専門家に間に入ってもらうようにしましょう。以下、考えられる借金整理法を見ていきましょう。

①　特定調停

返済に行き詰まった債務者が、破産してしまう前に生活の立て直しを図れるように返済方法や借金・利息の減額などを債権者と話し合う手続きです。調停する相手は「消費者金融だけ」というように、自分で選ぶことができます。裁判所に申し立てて行う点で任意整理とは違います。調停が成立すれば、多くの場合、利息制限法の制限内で債務を組み直されて、長期分割返済にも応じてもらっています。

②　任意整理

裁判所や法的手続きを利用しないで債権者と直接に交渉し、利息のカットや返済方法の組み直しなどを交渉することを任意整理といいます。普通は弁護士に依頼して、債権者と交渉してもらいます。弁護士が介入することで厳しい取立ては止まり、借金も利息制限法の制限内に計算し直されます。借金の減額効果は特定調停とほぼ同じですが、任意整理の方が特定調停よりスピーディに話合いで決着がつきます。

③　個人民事再生手続き

債務者が破産してしまう前の再起・再建を可能にするための手続きです。個人向けの手続きが個人民事再生です。

個人民事再生の手続きは簡単にいうと以下の点を目的としています。

・既存債務の一部を支払って、残りは免除する
・残った債務は、収入の範囲内で再生計画にしたがって、原則３年以内に支払う
・従来行っていた商売や、生活に不可欠な住宅などの資産を債務者の手元に残せるようにする

この手続きの対象者は、①継続的で安定的な収入が見込める、②小規模な事業者や会社員などで、無担保の借金が総額5000万円を超えていない債務者です。

④　自己破産

これまでに述べた方法は、いずれも借金の総額を圧縮して、債務者の経済的な再生を妨げない範囲で返済していくものです。これらの方法で解決できそうになければ、自己破産を検討することになります。

破産とは、借金のある人（債務者）が経済的に破たんして、支払いができなくなってしまった場合に、その人の財産を清算して、すべての貸主（債権者）に公平な返済（弁済）をすることを目的にする裁判上の手続きです。ただし、借金から解放されるためには、破産の申立てをし、免責手続きを受ける必要があります。

■ 考えられる借金整理法

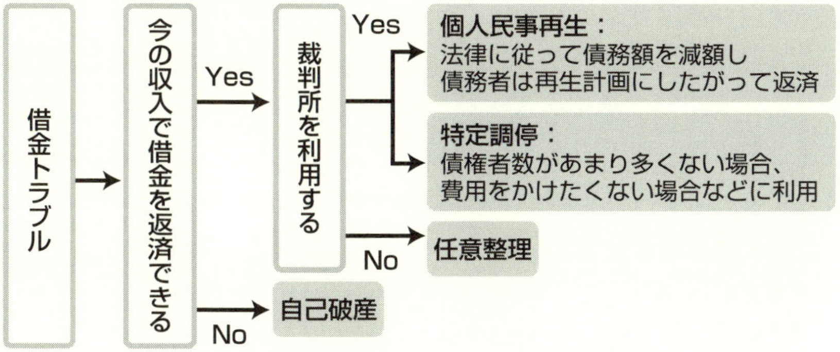
借金トラブル
今の収入で借金を返済できる
Yes
裁判所を利用する
Yes
個人民事再生：
法律に従って債務額を減額し
債務者は再生計画にしたがって返済
特定調停：
債権者数があまり多くない場合、
費用をかけたくない場合などに利用
No
任意整理
No
自己破産

2 裁判所を通さない債務整理が任意整理である

会社の再建をめざして利用されることが多い

最初に検討したいのが任意整理

任意整理は**私的整理**とも呼ばれ、すべての会社や個人を対象とした債務整理方法です。私的整理という言葉通り、法の適用を受けないで当事者同士の話合いで処理を進めていきます。

借金の額は多いのですが、親族がある程度の金を用意できるという場合や、返済条件を変更してもらったり、借金を圧縮さえすればなんとか残金を返済できそうな場合には、任意整理による手続きを行うのがよいでしょう。

ただ、任意整理は、借主である債務者本人がやっても、まず債権者に相手にされません。それどころか、逆に「約束を守れ！」と言い返されるのがおちです。かりに業者が交渉のテーブルについたとしても、債務者としては相当なエネルギーとストレスを感じることになります。そこで、多くの場合には、しかるべき弁護士に依頼する必要がでてきます。

任意整理は私的な借金整理法ですから、裁判所などに申立手続きをする必要はありません。裁判所への予納金を準備する必要もありません。また、債権者や利害関係者の状況に応じて柔軟な条件を採用することもでき、迅速に処理することも可能です。

弁護士費用が任意整理にかかるおもな費用ということになります。弁護士費用は、個人の場合、業者一件について着手金２万円、交渉がまとまると業者一件について、着手金とは別に報酬として２万円、というのが相場と言われています。つまり、債権者が何人いるかで弁護士費用も変わってきます（事業者の場合には着手金だけでも最低50万円は用意しておく必要があります）。

借金総額を確定する

借金の整理をするためには、借金の調査をして借金総額を確定させることが必要です。

まず、弁護士の指導に基づいて、借主本人がこれまでの借金の内訳と、返済にあてられる収入を調査します。その調査から始まって、任意整理は、おおむね次のような流れに沿って進んでいきます。

①　貸金業者・信販会社との契約書・領収書・督促状など

これらの書類から借入金額・借入年月日・返済金額・返済年月日・利息などを明らかにして、現時点での債務を明確にしていきます。もしこれらの書類が手もとにない場合には、直接、貸金業者や信販会社などに問い合わせてみましょう。また、債権調査表のようなものを作成して、債権者に貸付金額などを記載してもらうという方法もあります。自分でできない場合には、弁護士が業者から取引履歴等を取り寄せてくれます。

②　調査結果に基づいて借金の確定作業を行う

こうして確定した債務額を、利息制限法に基づいて計算し直して、本当に残っている借金の額を確定します。その上で、借金を何割かカ

■ 任意整理すべき場合とは

- □ 債務を個別に処理したい場合
- □ 裁判所を通したくない場合
- □ 株主や出資者の理解を得られそうな場合
- □ 現在の経営権を維持したい場合
- □ 破たんの事実を公表されたくない場合

↓

任意整理

トして一括で返済するとか、分割で返済していくとか、借主と弁護士が十分に話し合って支払計画（整理案）を作り上げていきます。

一括返済が困難なときには、毎月の収入から借主とその家族の生活に必要な経費を差し引いて、返済に充てることができる金額を確定します。そこから、どの業者にどれだけの金額を毎月支払っていくかを算出し、分割返済案を作成していきます。

③　身内や親類と話し合って返済計画を立てる

分割返済にするにしても、借主が毎月支払える金額は、たいていは貸主に納得のいくものにはならないといえます。その場合には、やはり借主の身内や親類などに、いくらかお金を出してもらうことが必要になります。分割返済では貸主が納得してくれない場合、ある程度まとまった金額を身内から借りて、解決を図らなければならないこともあります。

このように、借主の収入や周囲の援助額などを考慮して、柔軟な返済案を作成していくことが必要です。ただし、あまり長期の返済案ですと、すべての貸主の同意がとれなくなり、任意整理自体が困難になります。貸主の同意が得られる返済期間としては、３年程度、せいぜい長くても５年程度が限界と考えておいた方がよいでしょう。返済方法の計画を立てた後に、和解案として債権者に提示し、合意に至れば和解書（書式３）を作成します。

④　和解内容に沿った支払いを行う

和解の成立後は、和解内容に沿った返済を実行することが必要です。

弁護士や認定司法書士に振込みを代行してもらうのではなく、債務者自らが振り込む場合には、弁護士や認定司法書士から受け取る返済計画表（書式４）に沿って返済することになります。

3 任意整理の手続きについて知っておこう

債権者の合意が必要条件になる

だいたいの流れは決まっている

任意整理は、弁護士や認定司法書士などの専門家に依頼することが多いので、債務者本人が任意整理の手続きの流れを詳しく知っておく必要はありませんが、だいたいの流れを知っておけば、進捗状況などを問い合わせたりする場合に役立つでしょう。

任意整理には、決まった手順や書面があるわけではありませんが、実際に行われている任意整理は、以下のような流れで進んでいきます。

① 弁護士や認定司法書士が受任通知（書式１）を債権者に発送する

受任通知は債務整理開始通知、法的処理開始通知ともいいます。弁護士や認定司法書士が債権者に受任通知を発送して、それが債権者に届いてからは、支払いをストップしても、貸金業者は債務者本人に請求してはならないとされています。

② 債権者から届いた債権届・取引履歴明細書・債権調査明細票（書式２）などをもとに債務額を把握する

利息制限法の制限利率による引直し計算（104ページ）が必要な場合は、引直し計算をします。

③ 返済方法を検討し、債権者に和解案を提示する

④ 債権者と交渉し、合意に至れば和解書（書式３）、示談書を作成する

和解書が元々の消費貸借契約書の内容を見直すものであれば、消費貸借に関する契約書として契約書に記載された金額に応じた収入印紙を貼付します。

⑤ 和解内容にしたがって弁済する

具体的な交渉内容はどうなっている

任意整理では、まず借金をどれくらい減額させるかという交渉が重要です。借金の減額については、①元金の減額、②利息・遅延損害金の減額の２種類があります。通常、元金については、利率が利息制限法の制限利率以下の場合は減額するのが非常に難しいといえます（ただし、一括弁済の場合には減額に応じる業者もいます）。利率が利息制限法を超えている場合は、引直し計算をした元金額を債権者に主張します。現在ではほとんど債権者が引直し後の債権額を受け入れています。利息・損害金については、最終の取引以後の利息・損害金はすべてカットするというのが理想です。

しかし、債権者によっては多少なりとも遅延損害金（133ページ）などを上乗せすることを主張してくることがあり、これをどれくらいカットするかが、ひとつの腕の見せどころといえます。

返済方法の交渉については、一括弁済の場合、特に問題になることはありません。債務者が分割でしか返せない場合、一括弁済を要求してくる債権者に対してどうやって分割弁済を認めさせるか、返済期間が長すぎるという債権者に対して、どうやって自分の提案した回数での弁済を認めさせるかが交渉のポイントになります。

債権者の合意が必要条件となる

任意整理では、弁護士や認定司法書士などの専門家が作成した和解案を債権者に提示し、順々に債権者と交渉をまとめていくことになりますが、交渉期間だけでも、１～６か月程度はかかると考えておいた方がよいでしょう。すべての債権者との合意に達してから、すべての債権者と和解書のやりとりをするのが理想的ですが、債権者が多い場合などには、順次和解していかざるをえないこともあります。場合によっては、ほとんどの債権者と和解したが、交渉が難航している債権者１社との和解だけ時間がかかることもあります。任意整理での和解には、債権者の合意が必要であり、話がまとまらないこともあります。そのときには、任意整理をあきらめて、自己破産や個人民事再生など他の借金整理の方法を選択するしかない場合もあるでしょう。

なお、和解が成立しても、それで任意整理は終わるわけではありません。ここから任意整理の第２段階がはじまるのであり、債務者は和解書に定められた内容を誠実に履行しなければなりません。

自分で弁済するか弁護士や認定司法書士に代行を頼むか

分割弁済で和解した場合、通常、債権者の口座に毎月振り込んで弁済します。債務者が自分で振り込む場合と弁護士や認定司法書士に振込みを代行してもらう場合があります。これについては、代理人の弁護士や認定司法書士がどちらにするか方針を決めている場合もありますし、債務者にどちらにするかまかせる場合もあります（実際には、弁済は自分で行うことが多いといえます）。通常、弁済を代行してもらう場合には手数料がかかります。自分で弁済する場合には銀行などの振込手数料だけですみますが、債権者が多い場合には毎月の振込みが大変になります。自分で振り込む場合には、書式４のような書面を弁護士や認定司法書士から渡されることがあります。

■ 任意整理の流れ

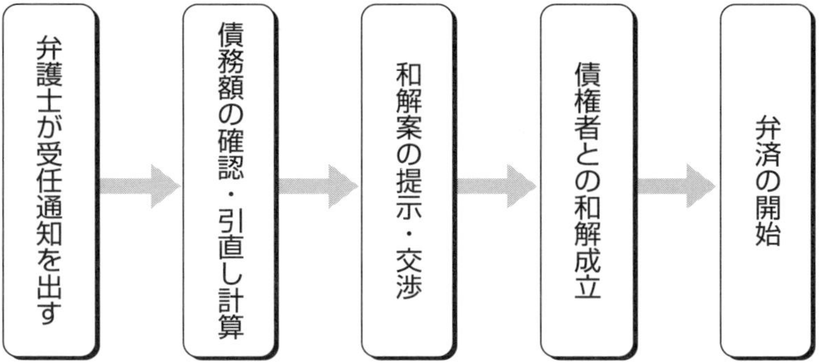

書式1 受任通知

平成○○年○○月○○日

債権者各位

〒○○○－○○○○
○○県○○市○○三丁目○番○号
後記依頼者代理人弁護士　丙　山　三　郎　㊞
○○弁護士会所属　第○○○○号
電話　○○－○○○○－○○○○
FAX　○○－○○○○－○○○○

債　務　整　理　開　始　通　知

冠省

当職は、この度、後記依頼者から依頼を受け、同人の債務整理につき司法書士法3条1項第7号に定める裁判外の和解業務を遂行することになりました。つきましては、次のことをお願いいたします。

1．混乱を避けるため、今後、依頼者や家族、知人、勤務先等への連絡や取立行為は中止願います。

2．正確な負債状況を把握するため、来る平成○○年○○月○○日頃までに、依頼者（依頼者が保証債務を負っている場合には主債務者）と貴社との当初からの取引経過の全て（過去に完済分がある場合には完済分も含む）を開示してください。

　なお、取引経過の開示がない場合は、再度お願いすることとなり、手続処理に時間を要し、他の債権者の方々にもご迷惑をおかけしますので、ご協力のほどよろしくお願い申し上げます。

3．債権者各位からの上記債権調査結果が揃った後、依頼者の家計等を考慮して和解案を作成し、提示する予定です。それまでは、本件についてのご連絡・お問い合わせは、書面により郵便またはFAXにてお願いいたします。電話でのご連絡・お問い合わせはお控えいただきますようお願いいたします。

以上ご通知申し上げますので、ご理解、ご協力をお願いいたします。

草々

（注）本通知は、時効中断事由としての債務の承認をするものではありません。

【依頼者の表示】

住　　所　○○県○○市○○町○○番○○号
氏　　名　乙山　次郎（おつやまじろう）
生年月日　昭和○○年○○月○○日

書式2 債権調査明細票

債 権 調 査 明 細 票

平成○○年○月○日

債務者氏名　　乙山　次郎

生年月日　（昭和）・平成　○年　○月　○日○生

会員番号　　1234567

貴　社　名	ほのぼのライク株式会社
本票作成担当部署名	債権調査課
作成担当者名	某川　五郎
電　　話	(○○)○○○○－○○○○（内線23）
F　A　X	(○○)○○○○－○○○○

契約明細

契約年月日	平成○○年　○月　○日	
契約形態	金銭消費貸借（支払いは定率リボルビング方式による）	
約定利息	年　28.00　%	
遅延損害金	29.20　%	
保証人の有無	（無）	
	有　氏名	
担保の有無	（無）	
	有　内容	
債務残高	¥○○○,○○○円（平成○○年○月○日現在）	

複数の債権がある場合は同封の別紙をご利用ください。

書式3 和解書

印紙

和　解　書

ぼのぼのライク株式会社を甲とし、乙山次郎を乙として、乙の債務につき、甲乙間において、以下のとおり和解した。

記

1　乙は、甲に対し、金〇〇〇〇〇〇円の支払義務を負っていることを確認した。
2　乙は前項の金員を下記のとおり分割して、下記振込口座に振り込んで甲に支払うものとする。
（1）支払期間　平成〇〇年〇〇月から平成〇〇年〇〇月（〇〇回払い）
（2）支払期日　毎月〇〇日限り
（3）分割金額　①平成〇〇年〇〇月から平成〇〇年〇〇月までは〇〇〇〇円
　　　　　　　②平成〇〇年〇〇月（最終回）は、〇〇〇〇円

（振込口座）
〇〇銀行　　〇〇支店
普通預金　　〇〇〇〇〇〇〇
口座名義人　ぼのぼのライク株式会社

3　乙は、その支払いの延滞額が合計して毎月の支払金の2回分以上となったときに、甲の請求があった場合には期限の利益を喪失し、そのときにおける残元本に対し、期限の利益を喪失した日の翌日から完済に至るまで年〇%の遅延損害金を付して弁済するものとする。
4　甲及び乙は、甲乙間には上記各項を除き、何らの債権債務のないことを相互に確認する。

上記の和解内容を証するために、本書を2通作成し甲乙各自1通宛保管する。

平成〇〇年〇〇月〇〇日

甲（債権者）　東京都〇〇区〇〇四丁目5番6号
　　　　　　　ぼのぼのライク株式会社
　　　　　　　上記代表者代表取締役　丁　山　春　夫

乙（債務者）　東京都〇〇市〇〇町1番2号
　　　　　　　乙　山　次　郎
　　　　　　　東京都〇〇区〇〇町456番地
　　　　　　　　乙代理人　弁護士　丙　山　三　郎

書式4 返済計画表

返 済 計 画 表

債権1

債 権 者 名	ほのぼのライク株式会社
弁 済 額	￥443,000円
初回支払日	平成○○年○月○日
初回支払額	￥14,000円
毎月支払日	25日（当日が休日または金融機関休業日の場合はその翌日）
2回目以降支払額	￥11,000円
支 払 回 数	40回
支 払 方 法	金融機関振込
振込先金融機関	○○銀行○○支店普通１２３４５６７

債権2

債 権 者 名	
弁 済 額	
初回支払日	平成　　年　　月　　日
初回支払額	￥　　　　　　円
毎月支払日	
2回目以降支払額	￥　　　　　　円
支 払 回 数	回
支 払 方 法	
振込先金融機関	

債権3

債 権 者 名	
弁 済 額	
初回支払日	平成　　年　　月　　日
初回支払額	￥　　　　　　円
毎月支払日	
2回目以降支払額	￥　　　　　　円
支 払 回 数	回
支 払 方 法	
振込先金融機関	

4 会社や事業者が行う任意整理にはどんなものがあるのか

再建型の任意整理にはさまざまな手段がある

会社や事業者が行う任意整理にはどんなものがあるのか

任意整理には、債権者の支援を得ながら事業の再建を図る「再建型」と、会社の清算を目的とする「清算型」があります。

再建型の任意整理として利用される基準や制度としては、私的整理に関するガイドライン、事業再生ADR、中小企業再生支援協議会による私的整理手続き、RCC企業再生スキームなどがありますが、私的整理に関するガイドラインは現在ほとんど利用されていません。

本書では、実務上よく利用されている事業再生ADR、中小企業再生支援協議会による私的整理手続きの内容については後述することにします。再建型の任意整理の場合、債権者らと秘密裏に交渉することで弁済期を先延ばしや債権放棄をしてもらうことになります。そのため、法的な倒産手続きと異なり、倒産に関する風評によって企業が被害を受けないというメリットがあります。

清算型の任意整理の場合、企業は任意整理後に事業を継続せず、現在の会社財産を利用して債権者に対して弁済を行います。そのため、法的な倒産手続きを利用した場合と状況はほとんど変わりません。むしろ、法的な倒産手続きを利用した方が、債務者である会社が自身の財産を自由に処分できなくなる分、債権者に対して公平に財産の分配がなされるといえます。そのため、清算型の任意整理を行うのであれば、法的な倒産手続きを利用したほうがよいといえます。

事業再生ADRについて

事業再生ADRは、事業再生に関する債権者と債務者の紛争を公正・中立な立場の人物（手続実施者）が仲介することで解決する手続きです。ADR（裁判外紛争解決手続き）は、裁判に頼ることなく、当事者の話合いによって紛争の解決を図る手続きを指す言葉です。民間団体は、法務大臣の認証を受けてADR事業を営めることになっています。

事業再生ADRを利用するメリットは以下の４つです。

・つなぎ融資を受けやすくなる。
・メインの金融機関以外も交渉に応じやすくなる。
・法的整理に移行しても、それまでの手続きはムダにならない。
・債務免除（債権放棄）について税制上の優遇措置を受けることができる。

中小企業再生支援協議会による私的整理手続き

中小企業の場合、中小企業再生支援協議会（94ページ）の支援の活用を検討することができます。

中小企業再生支援協議会では、事業面や財務面での改善を図るため、個々の企業の特性にあった支援が行われます。

中小企業再生支援協議会の支援を活用したい場合、まず中小企業再生支援協議会の窓口相談を利用します。窓口相談では、統括責任者らが相談に応じます。窓口相談で統括責任者らは、相談に来た企業の概要、直近３年間の財務状況など、相談内容の把握が行われます。

相談窓口には、公認会計士、税理士など企業再生の専門知識をもつ者もおり、相談があった場合には、専門家が個別に支援のためのチームを結成し、再生計画の作成支援や関係金融機関との調整を行うこともあります。再建のために経営の見直しが必要な場合には、専門家による支援チームを結成し、再生計画の作成を支援します。すべての債権者が同意すれば、再生計画案は成立します。

相談する場合、会社の概要、最近の財務・経営状況、取引金融機関との取引状況、現状に至った経緯、企業再生に向けての希望などについて説明できるように、必要な資料を持っていくようにしましょう。

5 事業再生ADRについて知っておこう

私的整理ガイドラインと似ているが、メインバンク主導の手続きではない

どんな制度なのか

事業再生ADRは、事業再生に関する債権者と債務者の紛争を公正・中立な立場の人物（手続実施者）が仲介することで解決する手続きです。事業再生ADRを手がけているのが事業再生実務家協会（JATP）です。

事業再生ADRを利用できるのは、事業に価値があり、債権者からの支援を受けることで事業再生が可能な企業に限られます。そのため、JATPは専門家による審査を行い、申込みを受け付けるかどうかを判断します。なお、個人事業者による利用は認められていませんが、会社組織であれば、規模や業種を問わずに利用することが可能です。

手続きの流れはどうなっているか

事業再生ADRの手続きの流れを、①申込み前、②申込み後、③計画案の決議後に分けて見ていきましょう。

① 申込み前

事業再生ADRは事業価値があり、債権者からの支援で事業の再生が可能な企業を対象としています。正式な申込みを行う前に、専門家による有料（一律50万円）の事前審査を行うしくみになっています。

なお、事業再生ADRでは、正式な申込み前に、専門家に依頼して、デューデリジェンス（実態や問題点を把握するために行う調査のこと）や事業再生計画案の作成を行う必要があります。

② 申込み後

一時停止通知を債権者に発送し、個別の債権回収を禁止し、債権者会議を開催して再生計画への同意を求めることになります。事業再生

ADRは、メインバンクが手続きを主導することはなく、債権者会議で選ばれた手続実施者が、公平・中立な立場から、債権者間の調整や再生計画案の調査・報告などを行います。

③　計画案の決議後

債権者会議ですべての債権者から同意が得られると、私的整理は成立します。成立後は、再生計画どおりに事業の再構築や債務の返済を行うことになります。

一方、再生計画案に不同意の債権者がいる場合には、裁判所による特定調停手続き（99ページ）に移行することがあります。特定調停は、債務整理に特化した民事調停手続きです。事業再生ADRを経た特定調停では、それまでの手続きの成果が考慮され、裁判官１人による単独調停が可能です。特定調停でも話合いがまとまらない場合は、民事再生や会社更生などの法的整理に移行します。事業再生ADRを通して作成された再生計画は、民事再生や会社更生といった法的倒産手続きによってそのまま可決・認可される可能性もあります。

■ 事業再生ADR手続きの流れ

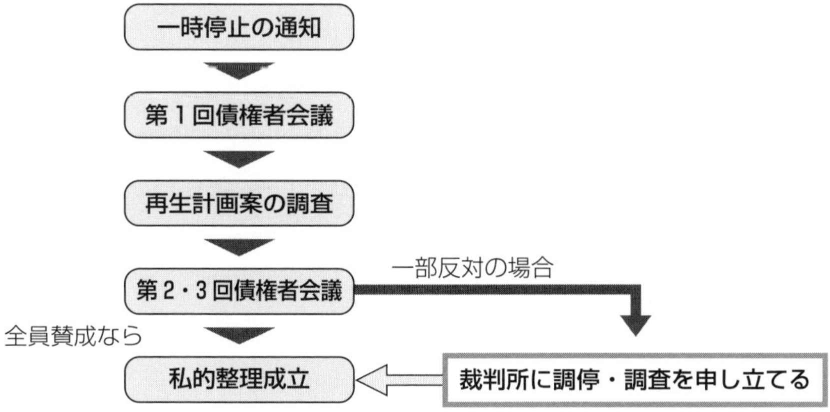

6 中小企業再生支援協議会のしくみについて知っておこう

最終的には債権者の同意が必要である

どんなしくみになっているのか

中小企業再生支援協議会が定めている任意整理手続きのルールには、「中小企業再生支援協議会の支援による再生計画の策定手順」（以下、策定手順という）と、「中小企業再生支援協議会事業実施基本要領」（以下、基本要領という）があります。

策定手順を利用した場合には、税制面で優遇措置を受けることができます。しかし、実際には策定手順を用いることで税制面での優遇措置を受けたケースは多くありません。ほとんどの場合、基本要領を基に策定された再生計画により任意整理手続きが実施されています。

中小企業再生支援協議会は、原則として基本要領を基にして再生計画を策定し、任意整理手続きを実施しています。中小企業再生支援協議会の窓口相談は無料です。ただし、外部専門家（弁護士・公認会計士・中小企業診断士など）を利用する場合には、その報酬について実費負担が発生します。

手続きとしては、最初に中小企業から窓口相談を受けます。その後に、再生計画の策定を支援する再生計画策定支援を行います。

再生計画策定支援は、①過剰債務等により経営が悪化していること、②再生の対象となる事業に事業価値があり再生の可能性があること、という条件を満たす中小企業を対象としています。

そして、策定した再生計画に合意してもらえるよう債権者と交渉し、すべての債権者の合意を得ることができれば、再生計画が成立します。

再生計画案の作成

統括責任者は、統括責任者や統括責任者補佐から構成される個別支援チームにより再生計画の策定の支援を行います。個別支援チームには、弁護士等の外部専門家を含めることができます。

相談企業は、個別支援チームの支援のもと、再生に向けて事業の将来の発展に必要な対策を立案し、実現可能な再生計画案を作成します。相談企業・債権者・個別支援チームは、再生計画案作成の進捗状況に応じて会議を開催し、再生計画案についての合意を形成します。

相談企業により再生計画案が作成された後、債権者会議を開催します。債権者会議では、債権者全員に対して再生計画案の調査結果を報告し、意見交換を行います。債権者のすべてが、再生計画案について同意し、その旨を文書等にした時点で再生計画は成立します。債権者の一部が再生計画案に同意しない場合には、不同意の債権者を除外することで再生計画の実行に影響がでないようであれば、不同意の債権者からの金融支援を除外した変更計画を作成することになります。

■ 手続きの流れ

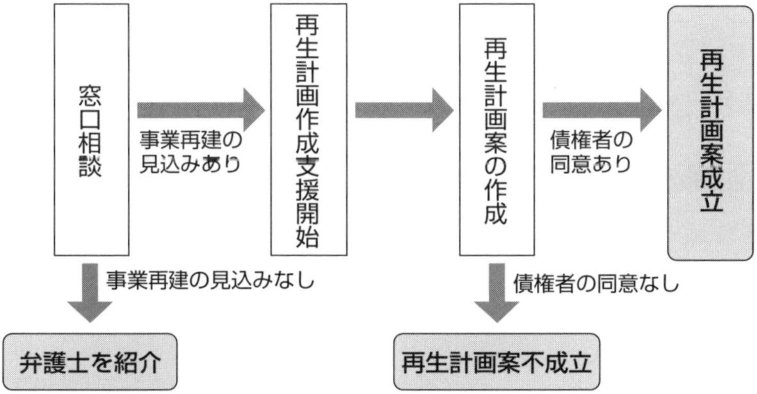

再生計画案のポイント

・債務超過の場合には５年以内をメドに解消する内容とする
・経常利益が赤字のときは３年以内をメドに黒字に転換する内容とする
・再生計画案の作成後に債権者会議を開催し債権者の同意を得る

7 裁判所を活用した話合いが特定調停

申立手数料が安い。手続きが柔軟かつスピーディ

特定調停とはどんなものか

特定調停とは、裁判所に債権者と債務者が呼び出され、話合いによって紛争を解決する制度です。これは借金整理専門の民事調停です。

調停は、民間人（調停委員）２人と裁判官１人から構成された調停委員会によって進められます。債務総額を減額しながら債務者が破産する前に借金問題の解決をめざします。

個人でも法人でもだれでも利用できます。法人の場合にはその規模を問いません。債権者の数や債務の総額などにも制限はありません。債権者が一社だけであっても、特定調停を申し立てることはできます。ただ、実際には法人や事業者が特定調停を申し立てることはそう多くはありません。話合いがまとまれば、調停証書を作成して手続きが終了します。当事者が合意に達しなければ調停は成立しませんが、合意が得られた調停案は調書に記載されると訴訟による確定判決と同じ効力をもつものとなります。

返済のあてがなくても申立ては可能

現時点では返済原資がない、つまり返済するあても見込みもないような場合でも、債権者が譲歩してくれる可能性もあるため、特定調停を申し立てることはできます。ただし、調停案が成立しなければ、結局、調停は不成立となり終了します。当事者間で合意が成立したとしても債務者がその合意内容に沿った返済ができないとなれば、結果的に特定調停による借金整理は成功しません。

なお、債務者本人が任意整理を行う場合には、業者からの取立行為は止まりませんが、特定調停の申立てを行うと貸金業者からの債務者

本人に対する催促や取立行為が止まります。

特定調停を申し立てる前にしておくこと

調停をする前提として、まず、借入と返済の状況を把握する必要があります。これは任意整理の際の債務調査の段階と同じ作業になります。債務者が几帳面に記録を残しているということは、あまりないでしょうから、通常は債権者に対して資料を請求することになります。債権者には貸金業法で元帳の開示が義務付けられていますので、債務者から資料請求があった場合にはこれに応じなければなりません。

調停はほとんど調停委員が主導しますので、民事訴訟のように高度な知識は必要ではありません。本人だけでも十分に対応することが可能です。調停委員会では、借入額を利息制限法の所定の金利に引き直して計算し、また、正当な利息額がいくらなのか、払いすぎた利息がいくらなのかを計算してくれることもあります。

特定調停では過払い金請求はできない

申立書を提出して受け付けられると、裁判所から調停期日の通知が届きます。その日に裁判所へ出頭したら、まず、窓口でどこの部屋へ行ったらよいのかを尋ねます。調停期日には、調停委員会が貸主と借

■ 特定調停の手続きの流れ

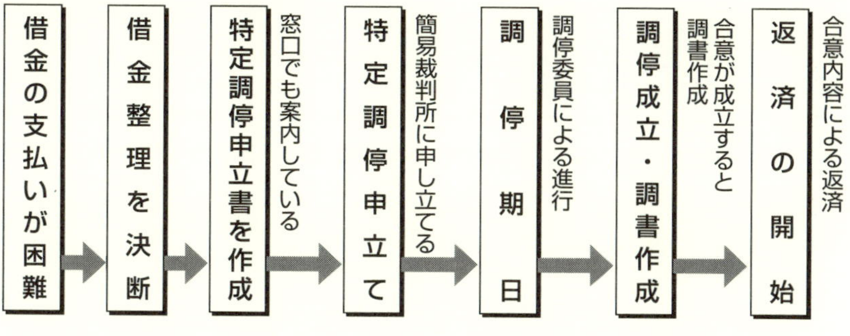

主の言い分を交互に聞いて、「相手方はこう言っていますよ」と教えてくれます。また、借主には、職業、収入、家族構成などを聞き、どうして多額の借金を負ってしまったのか、月々どのくらいの返済であれば可能なのか、などについて聞かれます。

調停の場では金銭債務の内容の変更、担保関係の変更、その他の利害調整といった事項について話合いが行われます。借金がいくらなのかをすべて明らかにして、自らの収入をもとにどれくらいだったら支払いを続けることができるか、率直に相談します。債務総額の２～３％が毎月返済できれば調停案が成立する可能性は高いでしょう。しかし、貸主の数が多いと成立しにくい場合もあります。そのため、あらかじめ全体でいくらの返済額を目安とするかを検討し、その範囲の中で各社への返済金額を検討する必要があります。

何度かの話合いの末に、借主と貸主との間に返済計画について合意がなされれば、調停は成立し、調停調書が作られます。３年以内の分割返済であれば、１回程度の期日で調停が成立します。調停成立後は調停の内容に従って分割して支払いをしていくことになります。

特定調停では、正確な借金額を算定するために引き直し計算（104ページ）が行われます。ただ、引き直し計算により、利息制限法で定められた利率を超える、払い過ぎた借金（過払い金）があることが判明しても、調停では過払い金の請求をすることはできません。調停の利用を検討するにあたってそのことは知っておくのがよいでしょう。

業者が出頭してこない場合の対策は

調停の呼出を受けても、出頭してこない業者も多いので、出頭しなかった業者に対しては５万円以下の過料に処せられます。しかし、この程度の制裁は業者にとっては痛手ではなく、現実にはあまり利き目がありません。業者が出頭しない場合には調停は成立しません。このような場合には、個人民事再生を利用するとよいでしょう。

8 特定調停を申し立ててみよう

提出書類をそろえて相手方の所在地の簡易裁判所に申し立てる

申立書を作成する

特定調停は、原則として相手方の住所や営業所などを管轄する簡易裁判所に申し立てます。相手方がいくつも営業所をもっているような場合は、本店ではなく実際に取引をした営業所の所在地を管轄する簡易裁判所に申し立てます。

申立ての際に提出する調停申立書は、相手方が複数の場合は、相手方ごとに作成しなければなりません。申立書（書式５）の「申立の趣旨」という欄には、借金額を確定した上で、具体的な返済方法など、調停の申立ての方針を書き、特定調停の方法により調停を行うことを求めます。よくわからない場合には、裁判所の窓口で相談しましょう。

紛争の要点を記述する

申立書には紛争の要点を記述します。具体的には、債務の種類や金額・利息、損害金の割合やその額、返済の状況を記載することになります。これによって、相手方となった債権者との間に、どのような債務がどの程度存在するか明らかにすることができます。

かかえている借金の大きさや債権者の特性、たとえば、銀行か、信販会社か、消費者金融かによって、話合いの内容は異なりますし、現実には話合いが行われないケースもあります。事前の交渉を行えば話合いはスムーズに進む可能性が高くなりますが、事前の交渉が行われていないとしても申立て自体が不適法なものになるというわけではありません。

申立書には、どのような調停が成立することを望んでいるのかが、ある程度わかるように具体的に記載します。将来の支払総額や支払回数、担保についての処理に関する事項を記載することになりますが、総債務額を十分に考慮して、他の関係権利者と不平等で、不合理な内容とならないものにします。

添付資料をそろえる

申立てをする際には、申立書とともに、原則として、①財産状況を示すべき明細書、②特定債務者であることを明らかにする資料、③関係権利者一覧表、を提出します。

①、②の資料としては、申立人が給与所得者の場合には、申立人の資産・借金その他の財産状況がわかる資料、職業・収入・生活状況がわかる資料などがこれにあたりますが、申立人が事業者の場合には、登記事項証明書や家計簿、契約書・領収書、損益計算書・貸借対照表・資金繰表・事業計画書などの事業内容・損益・資金繰りなどの状況がわかる資料が必要です。

③には、すべての関係権利者・担保権者の住所・氏名・債権の種類や発生年月日を記載します。しかし、社会保険料や国税・地方税に関しては、特定調停の対象になりませんから、この一覧表に記載する必要はありません。

申立費用について

申立てに際しては、手数料（収入印紙代）と予納郵券（切手）を納める必要があります。手数料は、申立書１件につき500円となっています。相手方の数が増えるとそれに応じて手数料も増えます。

予納郵券代については、東京簡易裁判所の場合、相手方（債権者）が１人（１社）のときは1450円分とされていますが、裁判所によって異なるため、申立てを行う裁判所にあらかじめ確認することが必要です。

書式5　特定調停申立書

符号＿＿＿＿

<table>
<tr><td colspan="2">特　定　調　停　申　立　書
平成 24 年 11 月 16 日
東京簡易裁判所　御　中
特定調停手続により調停を行うことを求めます。</td></tr>
<tr><td>申　立　人</td><td>住　所　〒 116 － 0001
東京都荒川区○○１丁目１番１号
（送達場所）☑同上　□次のとおり
フリガナ　オオツカコウスケ
氏　名　大塚康介　㊞
（契約時の氏名）☑同上　□
（契約時の住所）☑同上　□
生年月日　㊖・平　42 年　4 月　8 日生
電話番号　03 － 1234 － 5678（FAX 番号　03 －2345－6789 ）</td></tr>
<tr><td>相　手　方</td><td>住　所（法人の場合は本店）　〒 116 － 0001
東京都新宿区○○１丁目１番１号
氏　名（法人の場合は会社名・代表者名）
株式会社　○○ローン
代表取締役　水木　武
（支店・営業所の名称・所在地）〒　－
（電話番号　03－3456－7890　FAX 番号　03 － 4567 － 8901）</td></tr>
<tr><td>申立ての趣旨</td><td>債務額を確定したうえ債務支払方法を協定したい。</td></tr>
<tr><td>紛争の要点</td><td>1　債務の種類
☑ 借受金債務　□保証債務（借受人　）
□ 立替金　□その他（　）
2　契約の状況等
(1)　契約日　平成23 年　8 月　9 日
(2)　借受金額等　金　1,000,000 円
(3)　現在の債務額（残元金）金　780,000 円
（契約番号　123-4567-8901　）
□　別紙のとおり</td></tr>
</table>

<table>
<tr><td rowspan="3">貼用印紙欄</td><td colspan="2">調停事項の価額　124,800 円
手　数　料　500 円</td><td rowspan="3">受付印欄</td></tr>
<tr><td>貼用印紙　500 円</td><td rowspan="2"></td></tr>
<tr><td>予納郵便切手　1,450 円</td></tr>
</table>

（一般個人用）

特定債務者の資料等（一般個人用）

1　申立人

（ふりがな）　おおつかこうすけ

氏　　名　大塚康介

2　申立人の生活状況

(1)　職業（業種・担当等）会社員（建設作業員）

勤務先名称：株式会社○○建設

勤続期間：8 年 6 月

(2)　月収（手取り）：250,000 円　　給料日：毎月 25 日

(3)　その他：ボーナス年2回(7月、12月)、特別作業手当。総額で年間80万円程度

3　申立人の資産・負債（該当する□に「レ」を記入すること。以下同じ。）

(1)　資産：□土地　□建物　□マンション　☑自動車　□その他（　　　）

(2)　その他の財産の状況：□預貯金（約50万円）　□株式　□生命保険等（返戻金有）

□その他（　　　　）

(3)　負債：紛争の要点２及び関係権利者一覧表のとおり

4　家族の状況（申立人と生計を同一とする者を記入すること。）

氏　　名	続　柄	職　　業	月収（手取）	同居・別居
大塚　花子	妻	主　婦	0 円	☑同　□別
大塚　大介	長男	中学生	0 円	☑同　□別
大塚　長介	次男	小学生	0 円	☑同　□別
			円	□同　□別
			円	□同　□別

5　その他返済額等について参考となる事項

申立人の妻の父親(80歳)は、介護保険の要介護認定において要介護度3の認知症を患っている。申立人の妻は専業主婦で収入がなく、申立人が毎月月額8万円を、妻の母親(妻の父と同居)の銀行口座に送金しているという状況にある。

6　返済についての希望

毎月 2 万円くらいなら返済可能

申立人　大塚康介

関係権利者一覧表

※　該当する□に「レ」を記入すること。

番号	債権者氏名又は名称／住所	債務の内容等（当初借入日・当初借入金額・現在残高等）年月日	金額	残高	担保権の内容等
1	○○ローン／申立書記載のとおり	23・8・9	円 1,000,000	円 780,000	□（根）抵当権付 □（連帯）保証人付（氏名　　）
2	△×信用／東京都新宿区××○−△−×	23・9・2	円 500,000	円 400,000	□（根）抵当権付 □（連帯）保証人付（氏名　　）
3	×○ファイナンス／東京都新宿区××○−△−×	24・1・15	円 200,000	円 170,000	□（根）抵当権付 □（連帯）保証人付（氏名　　）
4	甲乙クレジット／東京都渋谷区××○−△−×	24・2・30	円 200,000	円 150,000	□（根）抵当権付 □（連帯）保証人付（氏名　　）
5	○○金融／東京都豊島区××○−△−×	24・3・15	円 200,000	円 150,000	□（根）抵当権付 □（連帯）保証人付（氏名　　）
6	○○カード／東京都港区××○−△−×	24・4・20	円 300,000	円 250,000	□（根）抵当権付 □（連帯）保証人付（氏名　　）
7	○○信販／東京都千代田区××○−△	24・5・15	円 200,000	円 180,000	□（根）抵当権付 □（連帯）保証人付（氏名　　）
8		・　・	円	円	□（根）抵当権付 □（連帯）保証人付（氏名　　）
9		・　・	円	円	□（根）抵当権付 □（連帯）保証人付（氏名　　）
10		・　・	円	円	□（根）抵当権付 □（連帯）保証人付（氏名　　）
11		・　・	円	円	□（根）抵当権付 □（連帯）保証人付（氏名　　）
12		・　・	円 2,600,000	円 2,080,000	□（根）抵当権付 □（連帯）保証人付（氏名　　）

※　「関係権利者」とは，特定債務者に対して財産上の請求権を有する者及び特定債務者の財産の上に担保権を有する者をいう。（特定調停法２条４項）

関係権利者の一覧表には，関係権利者の氏名又は名称及び住所並びにその有する債権又は担保権の発生原因及び内容を記載しなければならない。（特定調停手続規則２条２項）

Column

借金をするときのルール

消費者金融など、貸金業者から金銭を借り入れる際にもっとも大切なことは借入額と返済額を正確に把握することです。

利息の範囲や罰則について規定する代表的な法律として「出資法」があります。利息制限法は、以下のように、貸主がつけてもよい利息の上限を元本の金額ごとに分けて定めています。

・元本が10万円未満の場合は、年利20%まで、

・元本が10万円以上100万円未満の場合は、年利18%まで、

・元本が100万円以上の場合は、年利15%まで、

利息制限法は、これらの制限に違反する部分（制限を超える部分）については無効である、としているので、利息制限法に定められた上限利率を超える利息を定めることは認められません。ただ、利息制限法の規定には罰則がありません。一方、出資法については、上限利率が年20%まで下げられており、貸金業者が年20%を超える割合の利息を受け取る契約をすると、５年以下の懲役または1,000万円以下の罰金に処せられることになります（併科もあります）。

もっとも、罰則がないとはいえ、利息制限法を超えて設定された利息は違法であることに変わりはありませんから、「あまりにも利息が多すぎる」など、不審な点がある場合には、正確な借金額を計算し直す必要があります。取引を利息制限法の利率で計算し直し、利息の利息制限法を超える部分を元金への返済に充てていくことを**引き直し計算**といいます。引き直し計算の結果、元金への返済を超えて払い過ぎた借金が、過払い金と呼ばれるものです。過払い金があることが判明した場合、通常訴訟あるいは少額訴訟で返金を請求することになります。

第3章

商取引・契約
トラブルの解決書式

1 貸したお金の返還を請求する

利息制限法に違反する利息は原則として無効

内容証明郵便を出して事実を確認する

まずは話合いで解決できる方法を考えましょう。貸金についての民事調停を申し立てるのがよいでしょう。話し合う余地もないという場合には、支払督促や訴訟という方法があります。法的手段をとる前に事実関係を確認するために内容証明郵便を出しておくとよいでしょう。

貸金をめぐるトラブルでは、借りた側が覚えはないとシラを切るおそれがあります。借用証書があれば確実ですが、貸し借りをした事実や合意が記されているものであればメモや手紙のようなものでもかまいません。もし、そのような文書がなければ、調停など法的手段をとる前に、内容証明郵便などを使って返済を催促し、「必ず返すから待ってくれ」といった内容の返信を得ておくとよいでしょう。

貸金をめぐるトラブルの申立書（書式１）の記載事項で、とくに注意しなければならないのは利息と遅延損害金です。貸金の利息と遅延損害金については、利息制限法という法律によって特別な規制が課されています。この法律の制限を超えた利息や遅延損害金についての取り決めは、原則として無効になります。債務者としては、たとえ制限を超える利息・遅延損害金を払う旨の合意があったとしても、支払う必要はないわけです。貸金業者以外の人が貸金請求訴訟のために民事調停を申し立てる場合には、利息・遅延損害金が利息制限法の制限を超えていないか、十分に考慮する必要があります。

もし超えていた場合には、制限内で計算し直し、元本が正確にはいくらになるかを計算し、申立書にはそれを記載するようにしましょう。

なお、相手方が１人（１社）の場合、東京地裁における民事調停では、2500円分の予納郵券代の支払いが必要です。

書式1　貸したお金の支払いをめぐるトラブル（調停申立書）

調停事項の価額	200,000 円		裁判所用
ちょう用印紙	1,000 円	印紙欄	民事一般
予納郵便切手	2,500 円	（割印はしないでください）	受付印
（貸　金）			

調　停　申　立　書

東　京　簡易裁判所　御中

作成年月日	平成　○年　○月　○日
申立人	住所（所在地）（〒 000－0000　） 東京都○○区○○町○丁目○番○号 氏名（会社名・代表者名） ○○　○○　　　　　　　　　　　　　　　　㊞ TEL　03－0000－0000　FAX　－ 送達場所等の届出 申立人に対する書類の送達は、次の場所に宛てて行ってください。 ☑ 上記住所等 □ 勤務先　名称 　　　　　〒 　　　　　住所 　　　　　　　　　　　　TEL　　－　　－ □ その他の場所（申立人との関係　　　　　　） 　〒 　住所 　　　　　　　　　　TEL　　－　　－ □ 申立人に対する書類の送達は、次の人に宛てて行ってください。 氏名
相手方	住所（所在地）（〒 000－0000　） 東京都○○区○○町○丁目○番○号 氏名（会社名・代表者名） ○○　○○ TEL　03－0000－0000　FAX　－
支払を求める金額 （申立ての趣旨）	残債務の額　金　　200,000　　円 附帯請求（利息・損害金） ☑ 上記金額に対する　　　　　　　　☑ 年　5　％ □ うち金　　　　　円に対する　　　□ 月　　　％ 　平成○年○月○日から　　　　　　□ 日歩　　　銭 　支払済みまで
紛争の要点	後記記載のとおり

上記のとおり調停を求めます。

裁判所用

紛争の要点（下記のとおり）

1　相手方（又は相手方が保証人になっている第三者）に対する貸付の内容

貸付年月日	貸付金額(円)	返済の期限	利　息	損害金	借　主
① H○・○・○	**200,000**	□　・　・　まで □なし ☑その他(備考欄)	□年　% □月　% □日歩　銭	□年　% □月　% □日歩　銭	☑相手方 □その他 (　　)
② ・　・		□　・　・　まで □なし □その他(備考欄)	□年　% □月　% □日歩　銭	□年　% □月　% □日歩　銭	□相手方 □その他 (　　)
③ ・　・		□　・　・　まで □なし □その他(備考欄)	□年　% □月　% □日歩　銭	□年　% □月　% □日歩　銭	□相手方 □その他 (　　)

2　返済状況　下記のとおり

返済年月日	返済金額(円)	元利の別

3　貸金の残額

①の資金	元　本	**200,000**
	利息・損害金	平成 ○ 年 ○ 月 ○ 日から
②の資金		
③の資金		

4　調停申立ての理由

□支払が延び延びになっている。
☑相手方が借りたこと(保証をしたこと)を争っている。
□残っている貸金の額に争いがある。
□その他（　　　　　　　　　　　　）

備考	**勤務先を整理解雇された元同僚の○○○○に懇願されて生活費を貸し付けたが、先方は譲り受けたものだと主張している。平成○年○月○日に返済を申し入れた。**
添付書類	金銭借用証書写し　通 商業登記簿謄(抄)本又は登記事項証明書　通 **内容証明郵便・配達証明書　各 1**　通

2 売掛金の請求をする

取引における債権の消滅時効は短い

取引における債権の消滅時効は短い

売掛金（売上代金）の回収を図りたい場合にはあせってはいけません。相手が話合いのできそうな相手であれば、民事調停により解決する方法を考えてみましょう。民事調停を申し立てる場合、書式２のような申立書を作成することになります。相手が話し合っても仕方がないような場合には、民事調停よりも強い回収手段を検討してみましょう。簡単に列挙しておきますと、おもなものとしては、①債権譲渡を使って回収する方法、②債権の差押えによる回収方法、③動産や不動産の差押えによる回収方法、などがあります。相手の財産が他の債権者から差し押さえられる心配があるときには、保全処分（61ページ）を行うときもあります。それでもだめなら、内容証明などで請求した上で支払督促か訴訟を起こすことを検討することになります。

売掛金請求の訴えを起こす上で、何よりも気をつけなければならないのは消滅時効です。貸金などの一般の債権については、時効期間は比較的長く設定されており、原則として10年間で時効消滅します。企業間取引においては５年間で債権が時効消滅します（126ページ）。

これに対して、売買代金などの売掛金債権については、特別に短期の時効期間が設定されていることが多いので、うっかりしていると時効が成立し、債権を回収できなくなってしまうおそれがあります。

売掛金請求訴訟で必要な証拠としては、売買契約書がまず考えられますが、契約書をいちいち交わしていないことの方が多いでしょう。そのような場合は、商品受領証・納品書・代金請求書の控えなども証拠となります。

書式2 売掛金の回収をめぐるトラブル（調停申立書）

<table>
<tr><td>調停事項の価額</td><td>200,000円</td><td rowspan="3">印紙欄
（割印はしないでください）</td><td>裁判所用</td></tr>
<tr><td>ちょう用印紙</td><td>1,000円</td><td rowspan="2">民事一般</td></tr>
<tr><td>予納郵便切手</td><td>2,500円</td></tr>
<tr><td colspan="3">（売買代金）
調停申立書
東京　簡易裁判所　御中</td><td>受付印</td></tr>
<tr><td>作成年月日</td><td colspan="2">平成　○　年　○　月　○　日</td><td></td></tr>
<tr><td rowspan="3">申立人</td><td colspan="3">住所（所在地）（〒 000－0000 ）
東京都○○区○○町○丁目○番○号
氏名（会社名・代表者名）
○○衣料株式会社　代表者代表取締役　○○　○○ ㊞
TEL　03　－0000　－0000　FAX　－　－</td></tr>
<tr><td rowspan="2">送達場所等の届出</td><td colspan="2">申立人に対する書類の送達は，次の場所に宛てて行ってください。
☑ 上記住所等
□ 勤務先　名称
〒
住所
TEL　－　－
□ その他の場所（申立人との関係　）
〒
住所
TEL　－　－</td></tr>
<tr><td colspan="2">□ 申立人に対する書類の送達は，次の人に宛てて行ってください。
氏　名</td></tr>
<tr><td>相手方</td><td colspan="3">住所（所在地）（〒 000－0000 ）
東京都○○区○○町○丁目○番○号
氏名（会社名・代表者名）
○○　○○
TEL　03－0000－0000　FAX　－　－</td></tr>
<tr><td>申立ての趣旨</td><td colspan="3">相手方は，申立人に対して，次の金員を支払うこと
① 売買代金　200,000 円
2 残代金　円
③ 損害金　平成　○　年　○月　○日から
年　6％　の割合の金員</td></tr>
<tr><td>紛争の要点</td><td colspan="3">後記記載のとおり</td></tr>
<tr><td colspan="4">**上記のとおり調停を求めます。**</td></tr>
</table>

裁判所用

紛争の要点（下記のとおり）

1　申立人の職業・営業

紳士服販売

2　申立人が売り出した物件

品　　目	数　量	代　　金	売　渡　日
略礼服	**1着**	**200,000**	**平成○年○月○日**

（特約）

代金は、引渡後、10日以内に全額を支払う。

3　代金支払状況

㋐　全額未払
イ　代金のうち金　　　　　　　　円未払

4　その他参考事項（相手方が代金を支払ってくれない事情等）

相手方は、納品した略礼服がオーダーメードにもかかわらず寸法が身丈に合っていないなどと言い立てて、支払いに応じない。申立人としては注文書どおりの略礼服を仕立てており、相手方の言い分は極めて感覚的なものであって誠意もみられない。

添付書類
売買契約書写し　1　通
商業登記簿謄（抄）本又は登記事項証明書　1　通
請求書　1　通　　**納品書　1**　通

3 企業間の売買代金を請求する

期限の利益喪失約款に基づいて支払いをせまる

催促をしてみてだめなら調停を申し立てる

商品などの動産売買は、他に同種同等のものがたくさんある物を目的物とする場合が多いですし、企業間の取引では、何度も繰り返して同種の売買をする場合が多いことなどが特徴的です。また、代金についても、一定期間内になされた売買についての代金を合計して一定期間後に支払うという約束がある場合も多いものです。

いずれにせよ、契約で定められた支払時期に代金を支払うべきなのは当然ですが、その定めがない場合には、売主が支払いを催告したときに支払時期が到来します。

特定の企業間で同種の売買が繰り返してなされる場合には、その個々の契約に包括的に適用されるものとして、代金の支払時期や方法などを定めた基本契約書が取り交わされていることが少なくありません。その中には、一定の事由が生じた場合には、当然に弁済期が到来するとする旨の期限の利益喪失約款が置かれているのが通常です。この約款に基づき企業間では、売掛金の請求は、請求書を交付して行っています。もし、相手方が再三の請求にかかわらず支払いをしない場合には、証拠を残し、かつ、強い請求の意思を示すためにも、内容証明郵便を利用するのがよいでしょう。文面の末尾に「返答なきときは、法的手段を検討します」の記載があると、より効果的です。相手も何かしらの反応を示すのが通常です。しかし、これでも何の回答も得られない場合は、裁判所に調停を申し立ててみるのもよいでしょう。申立書（書式3）にはトラブルの内容を記載し、あわせて請求書・納品書などを添付します。

書式3 企業間の売買代金をめぐるトラブル（調停申立書）

調停事項の価額	300,000円	印紙欄 （割印はしないでください）	裁判所用 民事一般 受付印
ちょう用印紙	1,500円		
予納郵便切手	2,500円		

（売買代金）

調 停 申 立 書

東 京 簡易裁判所 御中

作成年月日	平成 ○ 年 ○ 月 ○ 日	
申立人	住所（所在地）（〒 000－0000 ） **東京都○○区○○町○丁目○番○号** 氏名（会社名・代表者名） **○○衣料株式会社 代表者代表取締役 ○○ ○○** ㊞ TEL 03 －0000 －0000 FAX － －	
	送達場所等の届出	申立人に対する書類の送達は，次の場所に宛てて行ってください。 ☑ 上記住所等 □ 勤務先 名称 〒 住所 TEL － － □ その他の場所（申立人との関係 ） 〒 住所 TEL － － □ 申立人に対する書類の送達は，次の人に宛てて行ってください。 氏 名
相手方	住所（所在地）（〒 000－0000 ） **東京都○○区○○町○丁目○番○号** 氏名（会社名・代表者名） **株式会社○○洋服店 代表者代表取締役 ○○ ○○** TEL 03 －0000－ 0000 FAX － －	
申立ての趣旨	相手方は，申立人に対して，次の金員を支払うこと ① 売買代金 300,000 円 2 残代金 円 ③ 損害金 平成 ○ 年 ○ 月 ○ 日から 年 6％ の割合の金員	
紛争の要点	後記記載のとおり	

上記のとおり調停を求めます。

裁判所用

紛争の要点（下記のとおり）

1　申立人の職業・営業

婦人服卸売り販売

2　申立人が売り出した物件

品　目	数　量	代　金	売　渡　日
婦人服	**15着**	**100,000**	**平成○年○月○日**
婦人服	**25着**	**140,000**	**平成○年○月○日**
婦人服	**10着**	**60,000**	**平成○年○月○日**

（特約）

代金は、四半期決算とし、翌四半期の最初月10日までに支払う。
例えば、7～9月売渡分は、10月10日までに支払う。

3　代金支払状況

㋐　全額未払
イ　代金のうち金　　　　　　　　　円未払

4　その他参考事項（相手方が代金を支払ってくれない事情等）

従来の取引関係も考慮し、申立人は翌々四半期の最初月である平成○年○月○日まで支払いを猶予したが、相手方は納品した婦人服が半端物であるなどと言い立て、今に至るまで支払いをしない。

添付書類
売買契約書写し　1　通
商業登記簿謄(抄)本又は登記事項証明書　2　通
請求書　1　通　　納品書　1　通

4 請負代金の支払いを請求する

訴訟以外に建築工事紛争審査会などの紛争処理機関もある

まずは訴訟以外の解決法を探る

仕事の結果に対して報酬を支払うという約束を請負契約といいます。請負では、「完成品が注文どおりでないから代金は払わない」といった注文者からのクレームが少なくありません。そういう場合でも、まず落ち着いて相手方と話し合うことが必要です。仕事の進め方や完成時のイメージについて、お互いの考え違いが紛争を招いていることもあるからです。

代金を請求しても契約どおりに支払ってもらえない場合、まずは改めて催告書などの書面を送るとともに、担当者などに支払いが遅れている理由、いつ支払ってもらえるのかの見通しなどを確認してみるとよいでしょう。それでも支払ってもらえない場合は、内容証明郵便を使って請求したり、会社の担当役員など責任者との交渉を行います。交渉が成立した場合には、示談書（書式４）を作成し、示談内容を記載します。示談書が実質的に見て新たな請負契約書といえるようなケースでは、契約書に記載された請負金額に応じた収入印紙の貼付が必要です。

交渉や書面での請求、物品提供の停止といった手段を講じても代金の回収ができない場合には、裁判所の介入や訴訟の提起、支払督促など、法的手段に訴えることを検討する必要があります。

ただ、訴訟で注文内容などの詳細を立証するのは困難な場合もあります。そのような場合は、民事調停を申し立てて公平な第三者（裁判所の調停委員）に間に入ってもらうとよいでしょう。申立書（書式５）には、請負契約の内容などを記載することになります。

トラブルを解決できる機関

下請業者が抱える下請トラブルの解決機関としては、公正取引委員会や裁判所といった公的機関の他に、（財）全国中小企業取引振興協会や日本弁護士連合会といった民間の機関が挙げられます。

（財）全国中小企業取引振興協会は、経済産業省中小企業庁の委託を受け、各都道府県に「下請かけこみ寺」という名称の相談窓口を設置しています。下請かけこみ寺では、相談員や弁護士が下請業者からの相談を受け付けています。また、裁判外紛争解決手続き（ADR）により、問題の解決をはかることができます。

日本弁護士連合会では、「ひまわり中小企業センター」という名称の中小企業向け相談窓口を開設しています。全国共通の専用ダイヤルに電話すると、各地の弁護士会に接続されます。

また、各弁護士会にも「紛争解決センター」などの名称でADRを利用できる機関が設置されています。

建築工事のトラブルを解決できる機関

建築工事の請負契約の場合、裁判外で紛争を解決する紛争処理機関として、建築工事紛争審査会があります。建築工事紛争審査会は、国土交通省（中央建設工事紛争審査会）及び各都道府県（都道府県建設工事紛争審査会）に設置されています。

扱われるトラブルは、当事者の一方又は双方が建設業者である場合の紛争のうち、工事の瑕疵（欠陥）、請負代金の未払いなどのような工事請負契約の解釈または実施をめぐる紛争です。ただ、不動産の売買に関する紛争や、設計に関する紛争、工事に伴う近隣者との紛争、直接契約関係にない元請・孫請間の紛争は対象にはなりませんから、注意が必要です。

書式4 示談書

印紙

示談書

平成○年○月○日

東京都○○区○○町○丁目○番○号
甲　受注者　○○○○　㊞
東京都○○区○○町○丁目○番○号
乙　発注者　○○○○　㊞

甲と乙は、平成○年○月○日に契約した甲社のホームページ作成及びインストール請負契約に基づく代金支払いの件について、下記のように示談をした。

記

1　甲は、フラワーショップに相応しい雰囲気となるよう、乙の指示をふまえた上で再度、ホームページのデザインを修正する。修正後のデザインを提示する時期は平成○年○月○日とする。

2　甲は、デザインの完成後、速やかに乙に連絡をし、乙の了承を得た上でインストール作業を行うものとする。

3　乙の了承が得られない場合、甲は、乙の了承が得られるまで修正作業を行う。修正作業を実行する上で、当初の契約書及び本示談書で想定していない新たな費用が生じる場合、甲は、費用の内訳を明示して乙に提示し、乙の了承を得た上で作業を遂行するものとする。

4　乙の了承後、乙は、速やかに甲に対して当初の請負代金に10%上乗せした金額である、金16万5000円を支払う。また、前項に記載した費用が生じる場合、その費用についても同時期に支払う。

5　甲及び乙は、本件に関し、その余の請求を放棄する。

6　甲と乙は、本件の示談に関し、甲・乙間に本示談条項に定めるものの他、何らの債権債務がないことを相互に確認する。

以上の示談が成立した証として、本示談書を2通作成し、各自記名押印の上、各自1通ずつ保管する。

以上

書式5 請負代金の支払いをめぐるトラブル（調停申立書）

非定型

調停事項の価額	150,000円
ちょう用印紙	1,000円
予納郵便切手	2,500円

印紙欄
（割印はしないでください）

民事一般

受付印

（請負代金）

調停申立書

東京 簡易裁判所 御中

<table>
<tr><td>作成年月日</td><td colspan="2">平成 ○ 年 ○ 月 ○ 日</td></tr>
<tr><td rowspan="3">申立人</td><td colspan="2">住所（所在地）（〒 000－0000 ）
東京都○○区○○町○丁目○番○号
氏名（会社名・代表者名）
ウェブデザイナー「バーチャル」こと ○○ ○○ ㊞
TEL 03 － 0000 － 0000 FAX － －</td></tr>
<tr><td rowspan="2">送達場所等の届出</td><td>申立人に対する書類の送達は，次の場所に宛てて行ってください。
☑ 上記住所等
□ 勤務先 名称
〒
住所
TEL － －
□ その他の場所（申立人との関係 ）
〒
住所
TEL － －</td></tr>
<tr><td>□ 申立人に対する書類の送達は，次の人に宛てて行ってください。
氏 名</td></tr>
<tr><td>相手方</td><td colspan="2">住所（所在地）（〒 000－0000 ）
東京都○○区○○町○丁目○番○号
氏名（会社名・代表者名）
フラワーショップ「さくら」こと ○○ ○○
TEL 03－0000－0000 FAX － －</td></tr>
<tr><td>申立ての趣旨</td><td colspan="2">相手方は，申立人に対して，次の金員を支払うこと
① 請負代金 150,000 円
2 残代金 円
③ 損害金 平成 ○ 年 ○ 月 ○ 日から
年 6％ の割合の金員</td></tr>
<tr><td>紛争の要点</td><td colspan="2">後記記載のとおり</td></tr>
<tr><td colspan="3">上記のとおり調停を求めます。</td></tr>
</table>

非定型

紛争の要点（下記のとおり）

1　申立人の職業・営業

ホームページ作成の請負業

2　請負契約の内容

平成○年○月○日、申立人と相手方との間で、次のとおりホームページ作成及びインストール請負契約を締結した。

（1）ホームページの作成仕様　（原案）添付請負契約書のとおり
（変更）変更指示書のとおり
（2）インストール場所　相手方店舗内パソコン
（3）工　期　平成○年○月○日
（4）請負代金　合計金150,000円
（内訳）制作費　金100,000円
インストール経費　金50,000円
（5）支払期日　平成○年○月○日

3　代金支払状況

㋐　全額未払
イ　代金のうち金　円未払

4　その他参考事項（相手方が代金を支払ってくれない事情等）

相手方は、「完成したホームページは、確かにデザインは注文どおりに仕上がっているが、フラワーショップに相応しい雰囲気を出してもらうように指示していたにも拘わらず、そのようになっていない。自分は申立人に対し、いくども手直しするよう打ち合わせしたが、契約書どおり完成したの一点張りで埒が明かない。ついては、申立人が発注者である自分の指示に従って修正するまで、代金を支払うつもりはない」などと言い立て、支払いに応じない。

添付書類
請負契約書・変更指示書　各　1　通
商業登記簿謄(抄)本又は登記事項証明書　1　通
完了報告書　1　通
ホームページ解説書　1　通

5 内職代金の支払いを請求する

報酬は後払い・出来高払いが原則である

内職は請負契約である

内職は一般的に請負契約によります。民法上、請負契約とは、請負人が仕事を完成させることを約束し、注文者がその仕事の結果に対して報酬を支払うことを約束する契約です。

報酬は後払い、つまり仕事が完成し目的物を引渡した時点で支払う、というのが民法の原則ですが、建物の建築請負契約などでは、報酬は契約時・上棟時・建物引渡時などの数回に分けて支払うことを特約している場合が通常です。また、規模の大きい土木工事などでは、工事の進行によって、いわゆる出来高払いの特約がなされている場合がほとんどです。いずれにせよ、注文者が定められた期限に報酬を支払ってくれないときは、請負人は仕事の目的物の引渡しを拒み、またこれを留置することができます。

請負人は注文者の報酬不払いなどの債務不履行を理由に、請負契約を解除することが可能です。また、仕事が可分である場合には仕事の未完成部分だけを解除することも可能です。

仕事が完成しない間に注文者の責に帰すべき事由により、その完成が不能となった場合には、請負人は自己の残債務を免れますが、注文者に請負代金の全額を請求できます。ただ、自己の債務を免れたことによる利益を注文者に償還する義務があります。

本ケースは、内職代金の請求ですが、契約にあたって相手からもらった業務指示書、やりとりなどをしっかりと保管しておく事が大切です。申立人側の主張を裏づける有力な書類は、申立書（書式６）にも添付することになります。

書式6 内職代金の支払いをめぐるトラブル（調停申立書）

非定型

調停事項の価額	40,000 円
ちょう用印紙	500 円
予納郵便切手	2,500 円

印紙欄
（割印はしないでください）

民事一般
受付印

（内職代金）

調停申立書

東京　簡易裁判所　御中

作成年月日	平成 ○ 年 ○ 月 ○ 日	
申立人		住所（所在地）（〒 000－0000 ） 東京都○○区○○町○丁目○番○号 氏名（会社名・代表者名） ○○ ○○ ㊞ TEL 03 － 0000 － 0000 FAX － －
	送達場所等の届出	申立人に対する書類の送達は，次の場所に宛てて行ってください。 ☑ 上記住所等 ☐ 勤務先　名称 〒 住所 TEL － － ☐ その他の場所（申立人との関係 ） 〒 住所 TEL － －
		☐ 申立人に対する書類の送達は，次の人に宛てて行ってください。 氏　名
相手方		住所（所在地）（〒 000－0000 ） 東京都○○区○○町○丁目○番○号 氏名（会社名・代表者名） ○○ ○○ TEL 03 －0000－ 0000 FAX － －
申立ての趣旨		相手方は，申立人に対して，次の金員を支払うこと ① 内職代金 40,000 円 2 残代金 円 ③ 損害金 平成 ○ 年 ○ 月 ○ 日から 年 6％ の割合の金員
紛争の要点		後記記載のとおり

上記のとおり調停を求めます。

第3章 商取引・契約トラブルの解決書式

非定型

紛争の要点（下記のとおり）

1　申立人の職業・営業

主婦

2　経過説明

（1）申立人は、相手方からダイレクトメールの宛名書きに係る内職を平成○年○月○日から受けているものである。
（2）内職代金の支払方法は、1か月分の処理件数を当該月末に集計し、単価2円／件を乗じた額を翌月10日に支払うこととなっている。
（3）ところが、平成○年○月以降の支払が滞ったため、再三申立人は相手方に対し督促したが、言を左右にして支払に応じようとしない。現在、未払いの金額は金40,000円である。
内訳：平成○年○月分　単価2円／件×20,000件＝40,000円
（4）平成○年○月○日、申立人は相手方に配達証明付き内容証明郵便を発送して催告したが、支払催告期日を経過しても現在に至るまで支払わない。
（5）よって、申立人は相手方に対し、内職代金金40,000円及びこれに係る遅延損害金を上記のとおり請求するものである。

3　代金支払状況

㋐　全額未払
イ　代金のうち金　　　　　　　　　　　円未払

4　その他参考事項（相手方が内職代金を支払ってくれない事情等）

相手方は、「申立人の作成した宛名書きは、処理件数が増加した平成○年○月分において誤字脱字や書き間違いが多くなり、クライアントからもクレームが寄せられている。かかる業務の品質の低下に対し、自分は翌月から申立人への業務指示を見合わせている状況である。また、業務の品質が低下したため、申立人が作成した宛名書きを別の登録者に書き直しさせるなど、自分には余分な出費が発生している。ついては、申立人の請求額を支払うつもりはない。」と言って、支払をしない。

添付書類	
求人広告	1　通
業務指示書	1　通
処理件数集計表	1　通
過去の振込記録	1　通

6 飲食代金の支払いを請求する

消滅時効にかからないように注意する必要あり

飲み屋のツケや立て替えた飲食代金を請求したいときは

たとえば、店の売掛帳を整理していたら、常連客のツケがたまっていることに気づいたとしましょう。ご存知の方も多いかもしれませんが、飲み屋のツケは１年で時効にかかってしまうのです。なんとかしなければなりません。来店するのを待っていてもなかなか来ないという場合には、まずは電話で請求してみましょう。それでもだめなら配達証明付の内容証明郵便で請求するのがよいでしょう。

ただ、内容証明郵便を送って請求しただけでは、時効を中断する効力はありません。通知をした後、６か月以内にさらに時効を中断するためのアクションを起こす必要があります。訴訟を起こせばもちろん時効が中断しますが、その前に調停を申し立てておけば、かりに調停不成立に終わって訴訟に移行した場合でも、調停申立ての時にさかのぼって時効が中断します。内容証明郵便で請求をした後の６か月の間に、弁護士に相談するなどして調停申立ての意思を固めるのがよいでしょう。ツケと同様に、同僚や友人の飲食代を立て替えたというような場合にも、話合いができない状態であれば、内容証明郵便を送るなど強い態度を示す必要があります。また、調停申立書（書式７）には、トラブルの経緯などを記載することになります。なお、飲み屋のツケや飲食費の立替金ならまだしも、何百万円、何千万円という債権でも、飲み屋のツケと同じように、一定期間放っておくと時効消滅してしまうのですから一大事です。消滅時効期間は一般の債権では10年ですが、商取引の場合は５年です。とくに商人（企業）間の売掛金債権は２年で消滅してしまいますから気をつけてください。

書式７　スナックの飲食代金の支払いをめぐるトラブル（調停申立書）

非定型

調停事項の価額	**70,000** 円	印紙欄 （割印はしないでください）	民事一般
ちょう用印紙	**500** 円		
予納郵便切手	**2,500** 円		受付印

（飲食代金）

調　停　申　立　書

東　京　簡易裁判所　御中

作成年月日	平成 ○ 年 ○ 月 ○ 日	
申立人	住所（所在地）（〒 **000－0000** ） **東京都○○区○○町○丁目○番○号** 氏名（会社名・代表者名） **スナック「金太郎」こと ○○ ○○** ㊞ ＴＥＬ **03 － 0000 － 0000** ＦＡＸ － －	
	送達場所等の届出	申立人に対する書類の送達は，次の場所に宛てて行ってください。 ☑ 上記住所等 □ 勤務先　名称 〒 住所 ＴＥＬ － － □ その他の場所（申立人との関係　　　） 〒 住所 ＴＥＬ － － □ 申立人に対する書類の送達は，次の人に宛てて行ってください。 氏　名
相手方	住所（所在地）（〒 **000－0000** ） **東京都○○区○○町○丁目○番○号** 氏名（会社名・代表者名） **○○ ○○** ＴＥＬ **03－0000－0000** ＦＡＸ － －	
申立ての趣旨	相手方は，申立人に対して，次の金員を支払うこと ① 飲食代金　**170,000** 円 2 残代金　円 ③ 損害金　平成 ○ 年 ○ 月 ○ 日から 年 **6％** の割合の金員	
紛争の要点	後記記載のとおり	

上記のとおり調停を求めます。

非定型

紛争の要点（下記のとおり）

1　申立人の職業・営業

飲食業

2　経過説明

（1）相手方は常連客として申立人が経営するスナック「金太郎」にしばしば来店し、別紙飲食目録記載のとおり飲食をした。
（2）飲食代金については、従来から月末に精算する約束となっていたところ、平成○年○月頃から相手方が来店しなくなったため、申立人は請求書を相手方勤務先に郵送すると共に電話でたびたび督促した。
（3）しかし、相手方はその都度少し待ってくれなどと先延ばしにし、挙げ句の果てには言を左右にするどころか、こんな店で飲んだ覚えはないなどと言い出す始末である。
（4）そこで、申立人は相手方に対し、平成○年○月○日配達証明付き内容証明郵便を発送したが、それでも支払催告期日平成○年○月○日を経過した現在に至るまで支払がない。

3　代金支払状況

㋐　全額未払
イ　代金のうち金　　　　　　　　　　円未払

4　その他参考事項（相手方が飲食代金を支払ってくれない事情等）

相手方は、「確かに、自分は申立人の経営するスナック「金太郎」で飲食したが、申立人の請求額には自分が行かなかった日の分まで計上されている。請求額は170,000円となっているが、自分の計算では100,000円である。申立人の請求額が適正かどうか確認できるまで、支払うつもりはない。自分は、自分の行動を必ず手帳に書き付けており、他人の飲食代まで支払うようなことはしない」などと言い立て、支払わない。

添付書類

帳簿写し	1　通
請求書控え	5　通
内容証明郵便	1　通
配達証明書	1　通

資料 債権の消滅時効期間一覧表

期間	債権の種類	例と注意点
10年	一般の民事債権（民167条1項） 確定判決、裁判上の和解、調停等により期間延長された債権（民174条の2）	個人間の債権
5年	商事債権（商522条）	※債権者、債務者のどちらか一方にとって商行為（商501～503条）であれば足りる（商3条） ※貸主、借主のどちらかが会社の貸付債権、リース料債権、クレジット債権、商事債権の債務不履行による損害賠償請求権、金融機関、サラ金の貸付債権
	定期給付債権（民169条）	家賃、地代、利息債権
3年	「工事の設計、施工または監理を業とする者」の債権（民170条）	土木建築工事の請負代金債権
	「医師、助産師または薬剤師」の債権（民170条）	
	手形債権（約束手形の振出人、為替手形の引受人に対する債権）（手77条、70条）	手形貸付の手形債権
	不法行為責任（民724条）	事故による損害賠償請求権 ※損害と加害者の両方を知るまでは進行しない
	PL法の製造物責任（製造物責任法5条）	欠陥製品による損害賠償請求権 ※損害と賠償義務者の両方を知るまでは進行しない
2年	「生産者・卸売商人・小売商人」の代金債権（民173条）	生産・商品の売掛金債権
	「居職人や製造人」の債権（民173条）	理容師、クリーニング業者、建具・家具・靴等の製造人などの代金債権
	「学芸または技能の教育を行う者」の債権（民173条）	学校、塾等の授業料
	「弁護人・公証人」の職務に関する債権（民172条）	
	給料債権（労基115条）	給料、賞与の債権 ※退職金債権は5年（労基115条）
1年	「自己の労力の提供または演芸を業とする者」の債権（民174条）	大工、植木職、俳優、歌手、プロスポーツ選手等の報酬
	「運送賃」（民174条）	
	「旅店、料理店、飲食店、貸席、娯楽場」の債権（民174条）	ホテル、飲食店、映画館、ボーリング場等の料金
	「動産の損料」（民174条）	レンタカー、レンタルビデオ・CD等の料金
	手形の遡求権（手77条、70条）	手形所持人の裏書人に対する請求権 ※受戻した裏書人の他の裏書人に対する再遡求権は6か月
6か月	小切手債権（小切手51条）	小切手所持人の裏書人、振出人に対する請求権、再遡求権 ※支払呈示期間（振出日から10日間）経過後から6か月

第4章

職場トラブルの
解決書式

1 トラブルを抱えたときにまずどうすればよいか

組合や相談機関に相談する

裁判所や役所、民間を利用したトラブルの解決

労働者と会社との間にトラブルが生じた場合、労働者は裁判所に民事訴訟（訴訟）を起こすことができます。

ただ、訴訟をする場合には相手方も本格的に争ってくることが多く、１つの問題点を解決するだけでも数か月の期間がかかることがあります。

そのため、訴訟よりも少ない負担で、かつ実効的にトラブルを解決できる制度を検討することが必要になるのです。

訴訟や労働審判以外にも、労働上のトラブルを解決するために利用できる機関は多数あります。大きく分けて①裁判所を利用する場合、②役所の紛争処理サービスを利用する場合、③民間の紛争解決サービスを利用する場合があります。裁判所を利用する手続きには民事調停があります。民事調停は簡易裁判所で行われます。国や地方公共団体で行う紛争処理手続きとしては、各都道府県の労働局、労働委員会や労政事務所が行っているあっせんがあります。民間による紛争解決手段としては社労士会や弁護士会が行っているＡＤＲ（12ページ）があります。

どんな解決の仕方があるのか

まずは関係者同士の話合いが大切です。しかし、トラブルが深刻な場合には、当事者同士の話合いではなかなか解決がつかないことが予想されます。そのような場合には、労政事務所や労働局のあっせん、労働基準監督署、労働委員会など第三者機関の調停に委ねるのがよいでしょう。

また、個別的労使関係の中で生じるトラブルを扱う機関とは別に、集団的労使関係について起こった紛争を解決する機関として、労働委員会があります。労働委員会は、賃金や労働時間など労働条件をめぐる労使間の紛争が自主的に解決困難な場合に、中立・公平な第三者として仲介をし、紛争解決の援助をする機関です。労働争議の調整（あっせん、調停、仲裁）や労働争議の実情調査、不当労働行為（正当な理由のない団体交渉の拒否など、労働者や労働組合の活動を不当に妨害する行為のこと）の審査を行っています。

こうした機関でトラブルが解決されない場合には、裁判所を利用した解決法を利用することになります。具体的には、民事調停（31ページ）、労働審判（40ページ）、民事訴訟ということになります。

労働基準監督署に申告する場合

労働関係でのトラブルの中には労働基準監督署（労基署）を利用することで解決できるものもあります。労基署は、労働基準法（労基法）に違反している会社を是正する役割を担っている国の機関です。会社が労基法に違反している場合、労働者は労基署にその事実を申告することができます。申告を受けた労基署は、その使用者から事情を聞いたり直接出向いて検査を行って事実関係を確認します。そこで労基法違反の事実を把握すると、その使用者に指導（会社に改善を求めること）・勧告（会社に労基法を守るように求めること）を行います。

労働問題についての相談先と言うと「何もかも労基署が対応してくれる」というイメージがありますが、労基署はトラブルを解決してくれる機関というよりも会社の行為を是正する機関と考えておいたほうがよいでしょう。

労働局の個別労働関係紛争解決制度を利用する場合

厚生労働省は、個別労働関係紛争の解決に向けた機関として、総合労働相談コーナーを設置しています。

相談する内容が、労働条件や労働関係に関する個別労働紛争の場合、「労働局長による指導・助言」を依頼することもできます。労働局長による指導（紛争の解決策を示すこと）・助言（当事者に話合いを促すこと）は、使用者に対して行われるものです。依頼を受けた労働局の担当者は、双方から事情聴取をした上で会社側に紛争解決のための指導・助言を行います。指導・助言を希望する場合には、相談員にそのことを伝えるようにするとよいでしょう。

労働局雇用均等室の紛争解決援助制度を利用する場合

性別を理由とした昇進・昇格についての差別的な取扱い、セクハラ、育児休業等を理由とする不利益取扱い、パート労働者に対する不当な取扱いといったトラブルについては、労働局雇用均等室の紛争解決援助制度による助言・指導、調停を利用することができます（前述の個別労働関係紛争解決制度とは別の制度です)。

労政事務所の紛争解決制度を利用する場合

労政事務所は、地方自治体が労働紛争の解決のために独自に設置している機関の総称ですが、自治体によっては設置していないところもあります。運営方針や名称も各自治体で異なります。大都市圏ではたいてい他の機関とは独立して活発に活動していますし、その地方特有のケースに特化した対応に重点を置いている自治体もあります。たとえば、東京都の場合には東京都労働相談情報センターという名称の機関が労働紛争の解決に向けて手厚い支援を行っています。しくみとしては労働局などと同様、センターの担当者があっせんによって労使の間に入る方式ですが、期日の回数に制限はなく、状況に応じて柔軟に対応しています。

労働組合を利用する場合

労働者と会社との間にトラブルが生じた場合、個人として争うのではなく、労働者全体として労働組合を通じて争った方が適切な場合もあります。労働組合とは、労働者が労働条件の維持改善などを目的と

■ 職場のトラブルの相談先

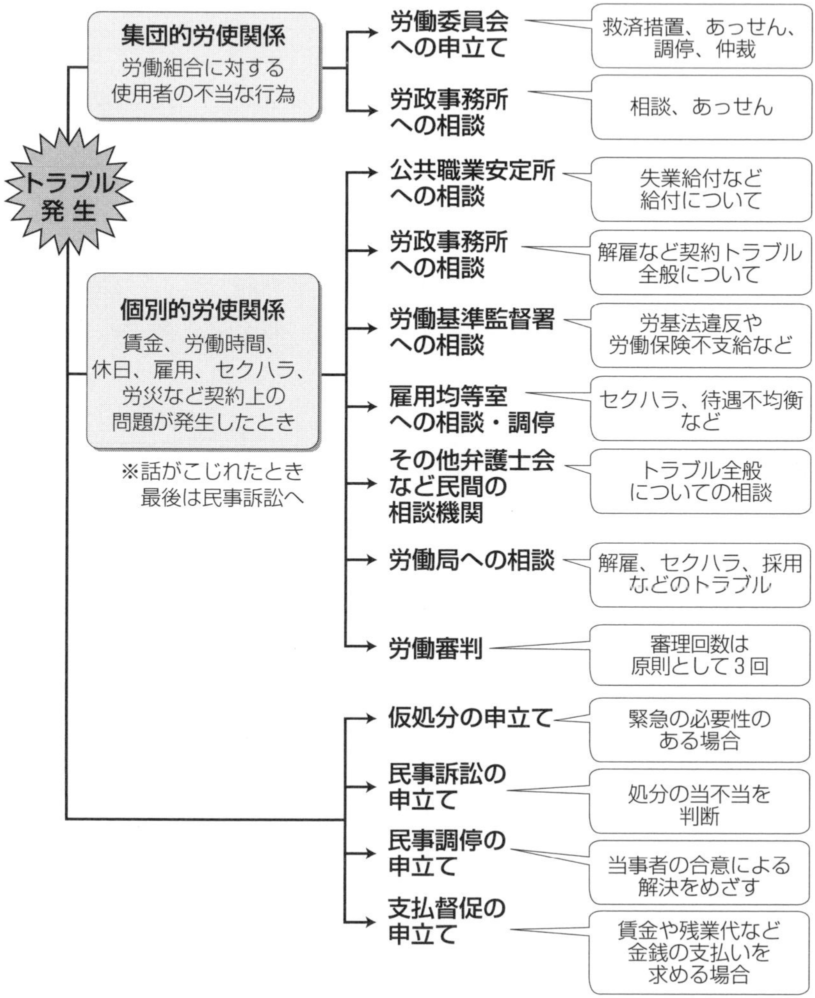

して自主的かつ民主的に運営する団体です。

職場内での悩みなども労働組合に相談することで解決への道筋がつく場合もあります。また、同じ企業で働く労働者で作る企業内組合だけが労働組合ではありません。労働組合に相談したいことがあるのに自分の会社に労働組合がないような場合には、企業外の労働組合に加入することもできます。ユニオン（会社外の労働組合で個人でも加入できるもの）や合同労働組合（会社外で組織された労働組合が集まったもの）といった名称で活動している労働組合には、職種や加入時の人数を問わないものが多くありますから、労働組合に加入したい場合には、インターネットなどを使って最寄の組合を検索してみるとよいでしょう。

労働委員会の相談・助言を利用する場合

労働委員会は、もともと労働組合と会社側の労使紛争（集団的労使紛争）を解決するために設置された機関ですが、現在では労働者個人と会社側との紛争解決にも取り組んでいます。各都道府県に設置されている労働委員会は、個別労働関係の紛争解決のためにあっせんや相談・助言などを行っています。

労働委員会によるあっせんや相談・助言は、おおむね労働局の制度と同じですが、運用の基準は各自治体によって異なっており、全国一律ではありません。そのため、事前にどのような基準であっせんや助言が行われているのかを調べたほうがよいでしょう。

この制度を利用するのに向いている内容は、やはり労働委員会の設置目的である集団的労使紛争の解決に近い内容、つまり労働組合が関係する紛争を抱えている場合でしょう。

2 会社に未払い賃金の支払いを求める

どの法的手段を利用するのがよいかを検討する

賃金の支払いを確保するためのルールがある

賃金というと一般的には給料のことを指すように思いますが、労働基準法において賃金は給料だけではなく、手当や賞与など、労働の対価として会社が労働者に支払うものすべてを含むと規定されています。つまり、時間外手当、賞与も賃金に含まれることになります。

賃金は労働者の生活の糧となるものですから、確実に受け取れるようにしておかなければなりません。そのため、労働基準法では労働者に対する賃金の支払いを確保するルールが定められています。

会社は経営が苦しくなると労働者に対する賃金の支払いを遅らせることがありますが、賃金は毎月１回、一定の期日に支払わなければならないということが定められており、賃金の遅配は認められません。支払いが遅れた場合には遅れた日数分について年６％の利率で計算した遅延損害金（期日に支払わなかった場合にペナルティとして請求される金銭のこと）の支払いを要求することができます。また、会社は労働者に貸し付けた金銭があるとしても、賃金と相殺（対当額で消滅させること）することは禁止されているので、労働者に何らかの金銭を貸し付けているからとって賃金を支払わなくてよいということにはなりません。

賃金の支払いについては労働基準法で保障されているということを知っておきましょう。

考えられる法的手段と書類作成の注意点

未払賃金を請求するために、労働者がとることができる手段には以下のものがあります。

使用者側と話合いが成立する余地がある場合には、民事調停を申し立てるという手段があります。申立ての際には、調停申立書（書式1）を作成・提出します。

使用者側との話合いでの解決が難しい場合で、裁判所に一定の判断を下して欲しい場合には労働審判の申立てを検討します。

申立ての際には、労働審判手続申立書（書式2）を作成・提出します。証拠として雇用契約書や就業規則が必要になります。賃金に関する規定は就業規則などに定められていますので、就業規則や給与明細などを用意して、どの程度の賃金が未払いであるかを主張していくことになります。賃金未払いの理由を提示された場合にはその事項を記載または録音した証拠を作成するとよいでしょう。

■ 遅延損害金・付加金・慰謝料について

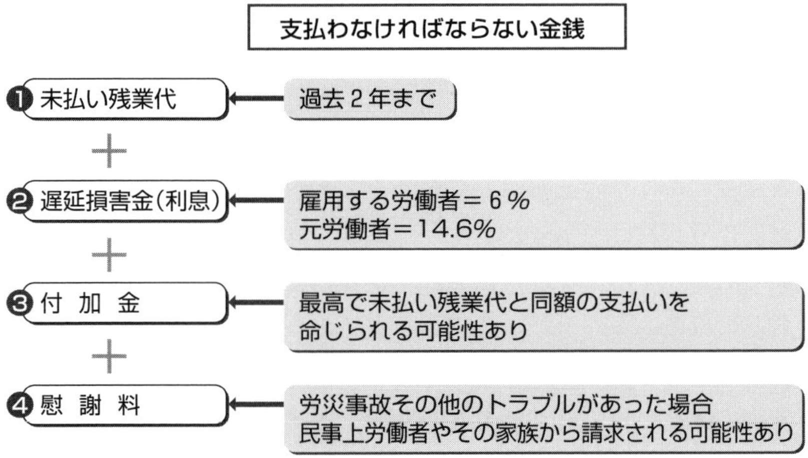
支払わなければならない金銭
❶未払い残業代
過去2年まで
＋
❷遅延損害金（利息）
雇用する労働者＝6％
元労働者＝14.6％
＋
❸付 加 金
最高で未払い残業代と同額の支払いを
命じられる可能性あり
＋
❹慰 謝 料
労災事故その他のトラブルがあった場合
民事上労働者やその家族から請求される可能性あり

書式１　賃金支払いをめぐるトラブル（調停申立書）

調停事項の価額	**100,000**円	印紙欄 （割印はしないでください）	裁判所用 民　事　一　般
ちょう用印紙	**500**円		
予納郵便切手	**2,500**円		

（給　料）

調　停　申　立　書

東　京　簡易裁判所　御中

受付印

作成年月日	平成　○　年　○　月　○　日	
申立人		住所　（〒　**000－0000**　） **東京都○○区○○町○丁目○番○号** 氏名 **○○　○○**　　　㊞ TEL　**03　－　0000　－　0000**　FAX　　－　　－
	送達場所等の届出	申立人に対する書類の送達は，次の場所に宛てて行ってください。 ☑ 上記住所等 ☐ 勤務先　名称 〒 住所 TEL　　－　　－ ☐ その他の場所（申立人との関係　　　） 〒 住所 TEL　　－　　－
		☐ 申立人に対する書類の送達は，次の人に宛てて行ってください。 氏　名
相手方		住所（所在地）（〒　**000－0000**　） **東京都○○区○○町○丁目○番○号** 氏名（会社名・代表者名） **株式会社○○企画　代表者代表取締役　○○　○○** TEL　**03　－0000－　0000**　FAX　　－　　－
申立ての趣旨		相手方は，申立人に対して，金　**100,000**　円を支払うこと
紛争の要点		後記記載のとおり

上記のとおり調停を求めます。

裁判所用

紛争の要点（下記のとおり）

1　あなたの働いていた期間

平成 ○ 年 ○月 ○ 日から同 ○ 年 ○月 ○ 日まで

2　していた仕事

某ビールメーカーの新製品発売キャンペーンにおけるキャンペーンガール業務

3　どんな形で雇われていましたか（いずれかにレを付けてください。）。

☐ 一般の従業員（正社員）　　☐ 臨時の従業員、臨時工
☐ パートタイマー　　☑ アルバイト
☐ その他　　具体的には（　　　　　　　　　　）

4　あなたの給料（いずれかにレを付けてください。）

☐ 1か月
☐ 週
☐ 1 日
☑ 1時間
金 **2,000** 円（**5時間／日、10日勤務**）

5　支払を求める賃金（いずれかにレを付けてください。）

☑ 給　　料
☐ 平成　年　月分から同　年　月分　合計金　　円……①
☐ 平成　年　月　日から
同　年　月　日までの　日分　合計金　　円……②
☑ 平成 ○ 年 ○月 ○ 日から
同 ○ 年 ○月 ○ 日までの **50** 時間分　合計金 **100,000** 円……③
☐ 賞　与　金　　円……④
☐ 退 職 金　金　　円……⑤
☐ 解雇予告手当　金　　円……⑥

総計金 **100,000** 円
（①+②+③+④+⑤+⑥）

6　相手方が支払をしない事情等

キャンペーン期間中の私の勤務態度が誠実でなかったなどと言って、支払ってくれない。

添付書類
商業登記簿謄（抄）本又は登記事項証明書 **1** 通
給与明細書写し　通
求人広告・採用通知書　各 1 通
内容証明郵便・配達証明書　各 1 通

書式２ 未払い賃金を請求する場合の労働審判手続申立書

労働審判手続申立書

平成 21 年 9 月 20 日

東京地方裁判所　民事部　御中

〒○○○－○○○○　東京都○○区○○丁目○番○号
申　立　人　　甲　川　正　二　㊞
電話０３－○○○○－○○○○
ＦＡＸ ０３－○○○○－○○○○

〒○○○－○○○○　東京都□□区□丁目□番□号○○ビル 4 階
相　手　方　　乙ソフトウェア株式会社
同代表者代表取締役　　乙　山　恵　一
電話０３－○○○○－○○○○
ＦＡＸ ０３－○○○○－○○○○

未払賃金請求労働審判事件
労働審判を求める事項の価額　　金 84 万円
ちょう用印紙額　　4500 円

第１　申立ての趣旨

１　相手方は、申立人に対し、平成21年６月から同年８月までの賃金である金84万円及びこれらに対する各支払期日の翌日から支払い済みまで年６％の割合による金員を支払え。

２　申立費用は相手方の負担とする。

との労働審判を求める。

第２　申立ての理由

１　当事者と雇用契約

⑴　相手方は、コンピューターソフトを開発・販売する株式会社である。

⑵　申立人は、平成21 年２月１日、相手方との間で、基本給28 万円と

いう条件で期限の定めのない雇用契約を締結し、ソフトウェア開発部のプログラマーとして勤務していた。

【甲1（雇用契約書）、甲2（就業規則）】

2　一方的な賃金未払いの事実

申立人は、平成21年5月29日に、相手方から「経営事情があり、今後しばらくの間、賃金の支払時期が少し遅れる」と伝えられて以降、平成21年6月分から同年8月までの賃金が支払われていない。

3　賃金未払いの違法性

相手方の申立人に対する本取扱は、毎月1回以上、一定の期日に賃金を支払うことを定める労働基準法第 24 条第2項に違反するものである。

したがって、相手方に対して、平成 21 年6月から同年8月までの3か月間の賃金（84 万円）の支払い及び各支払期日の翌日から支払済みまで年6％の割合による金員の支払いを求める。

第3　予想される争点及び争点に関連する重要な事実

1　相手方の支払いは、毎月 20 日締め、25 日支払いである。

タイムカードの打刻状況のとおり、申立人は就業規則で定められたすべての労働日に出勤しており、申立時点において、申立人は、平成 21 年6月から同年8月分の賃金の支払いを受ける権利を有する。

【甲3（タイムカード）】

2　申立人は、相手方から伝えられた「経営事情があり、今後しばらくの間、賃金の支払時期が少し遅れる」との言葉の意味を、あくまで支払いが毎月数日程度遅れるものと解釈しており、3か月にわたって一切賃金の支払いがなされないことを了承したわけではない。また、就業規則及び雇用契約の変更について同意したものでもない。

第4　申立てに至る経緯の概要

申立人は、平成 21 年6月の半ば頃から、相手方に対して、再三にわたって賃金を支払うよう求めたが、相手方は「不況の影響で今しばらく待って欲しい」と繰り返すばかりで、一向に未払いの賃金を支払おうとしない。

勤務先に対して法的手段をとることに躊躇したこともあり現在に至ったが、賃金支払いが滞る会社の経営状況に危機感を抱き、本件申立てに及んだ。

【甲4(申立人の陳述書)】

証拠方法

甲1号証　(雇用契約書)

甲2号証　(就業規則)

甲3号証　(タイムカード)

甲4号証　(申立人の陳述書)

付属書類

1	申立書写し	4通
2	甲1から4号証までの写し	各2通
3	証拠説明書	2通
4	資格証明書	1通

申立人　甲川　正二
相手方　乙ソフトウェア株式会社

平成21年9月20日

証拠説明書

東京　地方裁判所
労働審判委員会　御中

申立人　甲川　正二

号証	標　目 （原本・写しの別）		作 成 年月日	作成者	立　証　趣　旨	備考
甲1	雇用契約書	原本	H21.2.1	相手方及び申立人	申立人と相手方との間に平成21年2月1日に基本給28万円という条件で雇用契約が交わされたこと	
甲2	就業規則	写し	H10.4.5	相手方	労働条件など	
甲3	タイムカード	写し		申立人	申立人が平成21年6月から同年8月まですべての労働日に出勤しており、3か月分の賃金支払請求権を有すること	
甲4	申立人の陳述書	原本	H21.9.20	申立人	本件申立ての経緯など	

3 残業手当を請求する

タイムカードのコピーや給料明細はしっかりとっておくこと

明細書などの給料算定資料をとっておく

労働基準法は、使用者が労働者に対して、残業（時間外労働）、休日労働、深夜業をさせた場合には、割増賃金を支払わなければならないと規定しています。また、これに違反した場合、罰則があります。

そもそも残業は会社の指示によるものですから、残業代をもらえないのは不合理です。サービス残業を法律は認めていません。営業職で実際の労働時間の算定が難しい場合などでは、みなし労働時間という考え方が使われますが、この場合もサービス残業を認めているわけではありません。ただ、割増賃金に代えて一定額の手当がつけられている場合は話がちょっと違ってきます。

では、時間外労働手当や休日出勤手当が支払われない場合、どうしたらいいのでしょうか。

まず、労政事務所や労働基準監督署へ相談に行くのがよいでしょう。労政事務所は、事態が深刻になる前に気軽に相談できる機関です。労働基準監督署に申し立てた場合には、労働基準監督署は使用者に対する調査を実施し、支払いを勧告します。

他の人には残業代が支払われているのに、何らかの理由で、自分だけが賃金の支払いを受けていないという場合には問題です。当事者だけの話合いでらちがあかない時には民事調停を申し立てる場合もあります。

なお、調停に際しては、その裏付けとなる業務日報、タイムカードのコピー、給料明細書などの証拠を収集しておくとよいでしょう。

考えられる法的手段と書類作成の注意点

未払いの時間外手当（残業代）を請求するために、労働者がとることができる手段には以下のものがあります。

話合いの成立する余地がある場合、民事調停の申立てを検討します。

申立書（書式３）に、「紛争の要点」を記載する欄がありますので、雇用形態、賃金額、未払いの残業代の金額などを記載します。

話合いでの解決が難しい場合で、裁判所に一定の判断を下して欲しい場合には労働審判の申立てを検討します。審判の申立書（書式４）には請求の内容である「申立ての趣旨」と、「申立ての理由」を記載します。「申立ての理由」には、残業代、残業時間、予想される論点、申立てに至った経緯などを記載します。また、労働審判では付加金（解雇予告手当や割増賃金を支払わない使用者に課される、支払わなかった額と同額のペナルティ）の請求は認められないようですが、申立書では付加金についても請求します。

■ 賃金の割増率

時間帯	割増率
時間外労働	25%以上
時間外労働（月60時間を超えた場合）	50%以上 ※
休日労働	35%以上
時間外労働が深夜に及んだとき	50%以上
休日労働が深夜に及んだとき	60%以上

※労働時間が１か月60時間を超えた場合に支払われる残業代の割増率については、当分の間、中小企業には適用が猶予される。

書式3 残業手当をめぐるトラブル（調停申立書）

調停事項の価額	136,710 円	印紙欄 （割印はしないでください）	裁判所用
ちょう用印紙	1,000 円		民事一般
予納郵便切手	2,500 円		受付印

（給　料）

調　停　申　立　書

東　京 簡易裁判所　御中

作成年月日	平成 ○ 年 ○ 月 ○ 日
申立人	住所　（〒 000－0000　） **東京都○○区○○町○丁目○番○号** 氏名 ○○　○○　　㊞ TEL　03 － 0000 － 0000　FAX　－　－
送達場所等の届出	申立人に対する書類の送達は，次の場所に宛てて行ってください。 ☑ 上記住所等 ☐ 勤務先　名称 〒 住所 TEL　－　－ ☐ その他の場所（申立人との関係　　） 〒 住所 TEL　－　－ ☐ 申立人に対する書類の送達は，次の人に宛てて行ってください。 氏　名
相手方	住所（所在地）（〒 000－0000　） **東京都○○区○○町○丁目○番○号** 氏名（会社名・代表者名） **株式会社○○物産　代表者代表取締役　○○　○○** TEL　03 － 0000－ 0000　FAX　－　－
申立ての趣旨	相手方は，申立人に対して，金 **273,420** 円を支払うこと
紛争の要点	後記記載のとおり

上記のとおり調停を求めます。

裁判所用

紛争の要点（下記のとおり）

1　あなたの働いていた期間

平成〇〇年 〇月 〇日から~~同　年　月　日まで~~

2　していた仕事

鉄鋼の仕入・販売業務

3　どんな形で雇われていましたか（いずれかにレを付けてください。）。

☑ 一般の従業員（正社員）　　□ 臨時の従業員、臨時工
□ パートタイマー　　□ アルバイト
□ その他　具体的には（　　　）

4　あなたの給料（いずれかにレを付けてください。）

☑ 1か月
□ 週
□ 1　日
□ 1時間

金 **207,900** 円
（法定内時間外労働：単価1,350、45時間
法定外時間外労働：単価1,688、45時間）

5　支払を求める賃金（いずれかにレを付けてください。）

☑ 給　　料 **（残業手当）**
□ 平成　年　月分から同　年　月分　合計金　　円……①
□ 平成　年　月　日から
同　年　月　日までの　日分　合計金　　円……②
☑ 平成〇〇年 〇月 〇日から
同〇〇年 〇月 〇日までの **90** 時間分　合計金 **136,710** 円……③
□ 賞　与　金　　円……④**及び付加金 136,710 円**
□ 退職金　金　　円……⑤
□ 解雇予告手当　金　　円……⑥　　総計金 **273,420** 円
（①＋②＋③＋④＋⑤＋⑥）

6　相手方が支払をしない事情等

私が自分の裁量で残業しているものであり、会社の業務命令によるものではないと主張して取り合ってくれない。

添付書類
商業登記簿謄（抄）本又は登記事項証明書 1 通
給与明細書写し 1 通
労働契約書 1 通
業務日報控え 1 通

書式4 未払い残業代を請求する場合の労働審判手続申立書

労働審判手続申立書

平成22年3月1日

東京地方裁判所　民事部　御中

〒○○○－○○○○　東京都○○区○○丁目○番○号
申 立 人　　甲 野 太 郎 ㊞
電話０３－○○○○－○○○○
ＦＡＸ ０３－○○○○－○○○○

〒○○○－○○○○　東京都□□区□丁目□番□号○○ビル○階
相 手 方　　株式会社　メディア
同代表者代表取締役　　丙 山 次 郎
電話０３－○○○○－○○○○
ＦＡＸ ０３－○○○○－○○○○

残業代請求労働審判事件
労働審判を求める事項の価額　　金80万4650円
ちょう用印紙額　　4500円

第１　申立ての趣旨
１　相手方は、申立人に対して金804,650円及びこれらに対する各支払期日の翌日から支払い済みまで年６％の割合による金員を支払え。
２　相手方は、申立人に対して金804,650円及びこれに対する本審判確定の日の翌日から支払い済みまで年５％の割合による金員を支払え。
３　申立費用は相手方の負担とする。
との労働審判を求める。

第２　申立ての理由
１　当事者
(1)　相手方は、テレビ番組の番組制作会社で従業員数は15名である。

⑵　申立人は平成20年4月5日にカメラマンとして入社し、番組制作のカメラマンの仕事をほぼ一人でこなしていた。平成21年10月からは映像編集の社員が辞職し、人件費節減の要請もあって代役を雇っていないことから映像編集の仕事も行うようになり、ほぼ毎日4時間近い残業を強いられている。

申立人の給与は基本給24万円である。なお、給与支払は月末締め翌月末払いである。

【甲1（雇用契約書）、甲2（給与明細書）、甲3（就業規則）】

2　労働時間、残業代の定めと残業代の支払い

⑴　相手方の所定労働時間は1日8時間以内かつ週40時間以内となっており、勤務時間については不定期であるが、週に休日が2日ある。また、年末年始の5日間について休日とされている。

⑵　残業代については、就業規則に労働基準法と同様による割増賃金の支払いが定められている。

⑶　しかし、相手方は残業代の支払をしていない。

3　残業代の計算

⑴　基礎賃金

①基本給与は24万円である。

②相手方の所定労働時間は月によって一定ではないが、就業規則によると年間246日とされている。1日の所定労働時間が8時間とされているので、246×8によって年間所定労働時間は1968時間となる。これを12か月で割ると1か月あたりの労働時間は164時間となる。

③したがって、残業代算出の基礎賃金は24万円÷164時間＝1463円となる。

⑵　残業実績

相手方の勤務時間管理はタイムカードによって行われている。

平成21年10月以降の残業時間の合計はタイムカードから、440時間となる。

【甲4（タイムカード）】

(3) 計算

前記のとおり、平成21年10月1日から請求前月までの残業実績は440時間である。

したがって、440時間 ×1463×1.25（時間外割増）＝804,650円となるから、申立人に支払われるべき残業代は804,650円となる。

(4) 付加金の請求

申立人はほぼ毎日4時間近い時間外労働をしているが、相手方はまったく時間外労働についての割増賃金を支払おうとしない。相手方は「残業代については賞与に含まれている」と説明しているが、平成20年及び平成21年に受け取った賞与の額は、以前の賞与の支給額と比べて変更がなく、時間外労働を賞与に反映させているとは言い難い。

このような相手方の行為は極めて悪質といえるので、付加金の請求も認められるべきである。

第3　予想される争点及び争点に関連する重要な事実

1　本件の争点は、残業代が支払われたか否かである。

2　残業代支払いの存否

残業代の支払いについて相手方は、「賞与に含まれている」と主張するものと思われる。しかし、残業がなかった平成20年や21年の夏季に受けた賞与額と残業が増加して以降の賞与の額に変更がなく、その間就業規則の変更もなかったことから相手方の主張には理由がない。

また、相手方には、この業界では、残業代が支払われないのが当然であるとの認識があるため、そのような主張がなされる可能性もある。しかし、当然ながら労働者の権利は業界の動向如何と関係がないはずである。そもそも別部署の担当がいなくなってその後任も探そうとせず、別の人間に超過労働を押し付けること自体不当な処遇といえ、申立人の苦痛や過労は大変なものである。それにもかかわらず残業代すら支払おうとしない姿勢は極めて悪質である。

第 4　申立てに至る経緯の概要

申立人は平成 21 年の 11 月以降、給与に残業代が含まれていないことについて経理担当者に再三問い合わせをしている。しかし、相手方は、全く取り合おうとしないまま現在に至っている。そのため、なんとか交渉に持ち込むために、弁護士に相談をした結果、労働審判を勧められた。

【甲 5 (申立人の陳述書)】

証拠方法

甲 1 号証　(雇用契約書)
甲 2 号証　(給与明細書)
甲 3 号証　(就業規則)
甲 4 号証　(タイムカード)
甲 5 号証　(申立人の陳述書)

付属書類

1	申立書写し	4 通
2	甲 1 から 5 号証までの写し	各 2 通
3	証拠説明書	2 通
4	資格証明書	1 通

申立人　甲野　太郎
相手方　株式会社メディア

平成 22 年 3 月 1 日

証拠説明書

東京　地方裁判所
労働審判委員会　御中

申立人　甲野　太郎

号証	標　目（原本・写しの別）		作成年月日	作成者	立　証　趣　旨	備考
甲 1	雇用契約書	原本	H20.4.5	相手方及び申立人	申立人と相手方との間に平成19年 4 月 5 日に雇用契約が交わされたこと及び労働条件	
甲 2	給与明細書	原本	H21.3～H21.5	相手方	申立人の賃金が平成21年 3 月は24万円、4 月は24万円、5 月は24万円であり、月24万円であること	
甲 3	就業規則	写し	H9.10.1	相手方	割増賃金の支払いの定めがある事実	
甲 4	タイムカード	写し	H21.10分以降	申立人	残業時間実績	
甲 5	申立人の陳述書	原本	H22.2.5	申立人	本件申立ての経緯など	

4 解雇予告手当を請求する

解雇予告手当の支払いは労働基準法の義務である

労働基準法に解雇手続きが定められている

社員を解雇する場合、会社は原則として解雇の予定日より30日前にその社員に解雇することを予告しなければなりません。

これを解雇予告といいます。ただし、その社員を即日解雇するかわりに、30日分以上の平均賃金を解雇予告手当として支払う、という方法も認められています（労働基準法20条）。

平均賃金とは、解雇予告手当などを算定するときの基準となる金額のことで、原則として算定すべき事由の発生した日以前３か月間にその労働者に対し支払われた賃金の総額を、その期間の総日数で除した金額が平均賃金となります。30日分以上の解雇予告手当の支払により会社は解雇予告を行わずに問題社員を即日解雇することもできます。

なお、解雇予告手当は即日解雇する場合だけでなく、たとえば業務の引き継ぎなどの関係で15日間は勤務してもらい、残りの15日分の解雇予告手当を支払う、といった形をとることもできます。

解雇予告手当が支払われない場合、労働者は訴訟・労働審判・民事調停などの裁判手続きを利用することができます。

解雇予告や解雇予告手当の支給が不要な場合もある

会社は原則として解雇予告をしなければならないとされていますが、次に挙げる社員については、解雇予告や解雇予告手当の支給をすることなく解雇ができます。

① 雇い入れてから14日以内の試用期間中の社員

② 日々雇い入れる社員（１か月を超えて引き続き使用されるようになった場合を除く）

③　雇用期間を２か月以内に限る契約で雇用している社員
④　季節的業務を行うために雇用期間を４か月以内に限る契約で雇用している社員

試用期間中の社員については、すでに15日以上雇用している社員を解雇する場合には、解雇予告や解雇予告手当が必要になるので、注意しましょう。

どのような手続きをするのか

民事調停は原則として相手方の住所地を管轄する簡易裁判所に申し立てます。調停申立書（書式５）には、申立書の「紛争の要点」を記載する欄に、雇用形態、支払われるべき解雇予告手当の額、付加金（142ページ）の金額などを記載します。

労働審判を利用する場合は解雇予告手当の支払いを行わなかった会社の事業所を管轄する地方裁判所に申し立てます。審判の申立書には会社側の解雇手続きの違法性を具体的に記載し、労働者が解雇予告手当の支払いを受けられる者であることを明記します。通常訴訟については、請求する金額が140万円以下の場合は簡易裁判所に、140万円を超える場合は地方裁判所に訴えることになります。

なお、労働審判や民事調停については、契約書で紛争を取り扱う裁判所について合意している場合、その裁判所が管轄裁判所となります。

■ 解雇予告日と解雇予告手当

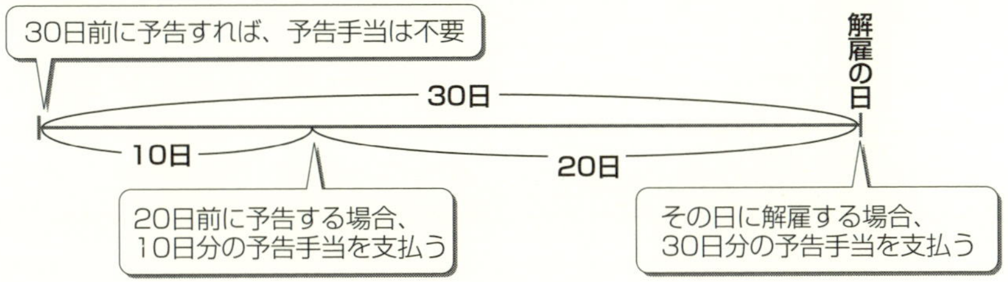
30日前に予告すれば、予告手当は不要
解雇の日
30日
10日
20日
20日前に予告する場合、
10日分の予告手当を支払う
その日に解雇する場合、
30日分の予告手当を支払う

書式5 解雇予告手当の支払いを求めるトラブル（調停申立書）

裁判所用

調停事項の価額	101,250円	
ちょう用印紙	1,000円	印紙欄
予納郵便切手	2,500円	（割印はしないでください）

民　事　一　般
受　付　印

（給　料）

調　停　申　立　書

東　京　簡易裁判所　御中

作成年月日	平成 ○ 年 ○ 月 ○ 日
申立人	住所（〒 **000－0000**） **東京都○○区○○町○丁目○番○号** 氏名 ○○　○○　㊞ TEL **03－0000－0000**　FAX　－　－
申立人 送達場所等の届出	申立人に対する書類の送達は，次の場所に宛てて行ってください。 ☑ 上記住所等 □ 勤務先　名称 〒 住所 TEL　－　－ □ その他の場所（申立人との関係　　） 〒 住所 TEL　－　－ □ 申立人に対する書類の送達は，次の人に宛てて行ってください。 氏　名
相手方	住所（所在地）（〒 **000－0000**） **東京都○○区○○町○丁目○番○号** 氏名（会社名・代表者名） **株式会社○○スーパー　代表者代表取締役　○○　○○** TEL **03－0000－0000**　FAX　－　－
申立ての趣旨	相手方は，申立人に対して，金 **202,500** 円を支払うこと
紛争の要点	後記記載のとおり

上記のとおり調停を求めます。

裁判所用

紛争の要点（下記のとおり）

1　あなたの働いていた期間

平成 ○○ 年 ○ 月 ○ 日から平成 ○○ 年 ○ 月 ○ 日まで

2　していた仕事

○○スーパー板橋店のレジ係

3　どんな形で雇われていましたか（いずれかにレを付けてください。）。

- ☐ 一般の従業員（正社員）　☐ 臨時の従業員、臨時工
- ☑ パートタイマー　☐ アルバイト
- ☐ その他　具体的には（　　　　　　　　）

4　あなたの給料（いずれかにレを付けてください。）

- ☐ 1か月
- ☐ 週
- ☐ 1　日
- ☑ 1時間

金　**900** 円 **（5時間／日、23日／月勤務）**

5　支払を求める賃金（いずれかにレを付けてください。）

☐ 給　　料

- ☐ 平成　年　月分から同　年　月分　合計金　　円……①
- ☐ 平成　年　月　日から
  同　年　月　日までの　日分　合計金　　円……②
- ☐ 平成　年　月　日から
  同　年　月　日までの　時間分　合計金　　円……③

☐ 賞　与　金　　円……④

☐ 退　職　金　金　　円……⑤

☑ 解雇予告手当　金 **101,250** 円……⑥

及び付加金　金 101,250 円

総計金 **202,500** 円
（①＋②＋③＋④＋⑤＋⑥）

6　相手方が支払をしない事情等

パートタイマーは1か月の期間を定めた労働契約による者であり、解雇予告手当制度の適用除外者であると主張して支払ってくれない。

添付書類

商業登記簿謄（抄）本又は登記事項証明書	1	通
給与明細書写し	1	通
求人広告	**1**	**通**
労働契約書	**1**	**通**

書式6　解雇予告手当の支払いを求める場合の労働審判手続申立書

労働審判手続申立書

平成○年○月○日

東京地方裁判所　民事部　御中

〒○○○－○○○○　東京都○○区○○町○丁目○番○号
申　立　人　　○　○　○　○　㊞
電話０３－○○○○－○○○○
ＦＡＸ　０３－○○○○－○○○○

〒○○○－○○○○　東京都□□区○○町○丁目○番○号
相　手　方　　株式会社○○スーパー
同代表者代表取締役　　○　○　○　○
電話０３－○○○○－○○○○
ＦＡＸ　０３－○○○○－○○○○

解雇予告手当請求労働審判事件
労働審判を求める事項の価額　　金 101,250 円
ちょう用印紙額　　1,000 円

第１　申立ての趣旨

１　相手方は申立人に対し、金 101,250 円及びこれに対する平成○年○月○日から支払済みまで年６％の割合による金員を支払え。

２　相手方は、申立人に対し金 101,250 円及びこれに対する本労働審判確定の日の翌日から支払済みまで年６％の割合による金員を支払え。

３　申立て費用は相手方の負担とする。

との労働審判を求める。

第２　申立ての理由

１　当事者と雇用契約

(1)　相手方は、スーパーを経営する株式会社である。

⑵　申立人は、平成○年○月○日、相手方との間で、パートタイマーとして時給 900 円という契約で１か月間の労働契約を締結し、その後毎月労働契約を更新し、平成○年○月○日までの１年間勤務したものである。

【甲１（求人広告）、甲２（就業規則）、甲３（労働契約書）、甲４（給与支払明細書）】

2　解雇の事実

⑴　相手方は、平成○年○月○日、申立人に対し、「今月から解雇する」との宣告を一方的に言い渡した。

【甲５（解雇通知書）】

3　解雇手続の違法性

⑴　解雇の宣告

相手方が行った解雇は、30日前の予告を行なわず、かつ解雇予告手当を支払っていない。これは、使用者が労働者を解雇しようとする場合は、少なくとも30日前に解雇予告を行なうか、30日前に解雇予告を行わない場合は30日分以上の解雇予告手当の支払いをしなければならないと定める労働基準法第20条に違反している。

⑵　解雇予告の算定

申立人の退職前直近３か月の賃金総額は、下記に示したとおり、310,500円であり、当該３か月間の総日数92日で除した平均賃金の30日相当の解雇予告手当は、金101,250円となる。

4　解雇予告手当の算定

申立人の退職前直近３か月の賃金総額は、下記に示したとおり、310,500円であり、当該３か月間の総日数92日で除した平均賃金の30日相当の解雇予告手当は、金101,250円となる。

○月　　時給単価 900 円 × 5 時間 ×22 出勤日数＝99,000 円

○月　　時給単価 900 円 × 5 時間 ×23 出勤日数＝103,500 円

○月　　時給単価 900 円 × 5 時間 ×24 出勤日数＝108,000 円

5　よって申立人は、相手方に対し、①解雇予告手当金 101,250 円及びこれに対する平成○年○月○日から支払済みまで年６％の割合による遅延損害金、ならびに②付加金として金 101,250 円及びこれに対する本労働審判確定の日から支払済みまで年５％の割合による遅

延損害金の支払いを求める。

第３　予想される争点及び争点に関連する重要な事実

１　本件の争点は、労働契約の解約が、申立人と相手方が締結する労働契約の期間満了によるものであるか、解雇によるものであるか、解雇によるものであるとした場合、申立人が解雇の予告及び解雇予告手当の規定を適用される者であるか否かである。

２　申立人が、解雇予告や解雇予告手当制度の適用除外者であるか否かである。

⑴　相手方が主張する労働契約の形態による解雇予告手当制度の適用除外

相手方は、申立人がパートタイマーとして１か月の期間を定めた労働者であるため、労働基準法第21条に定める「２箇月以内の期間を定めて使用される者」に該当し、同法第20条の規定は適用されないと主張している。

⑵　労働契約満了による労働契約の解約が認められるか否か

相手方は、申立人との労働契約の解約が、労働契約の期間満了によるものであり、解雇には該当しないと主張している。

３　解雇手続の違法性

⑴　申立人の解雇予告手当制度の適用の可否について

申立人は、パートタイマーであるが、平成○年○月○日、相手方との間で、１か月の期間を定めた労働契約を締結し、その契約は１年間に渡り更新されてきた。これにより、申立人は、相手方が主張する「２箇月以内の期間を定めて使用される者」には該当しない。

⑵　労働契約満了による労働契約の解約が認められるか否かについて

相手方は、申立人との１か月の労働契約を１年に渡り契約更新を繰り返しており、その契約解約には、社会通念上、解雇と同じ手続が求められるものである。

第４　申立てに至る経緯の概要

申立人は、文書や口頭にて、相手方に対して解雇予告手当の支払いを求めているが、相手方は、パートタイマーは１か月の期間を定めた労働契約による者であり、解雇予告手当制度の適用除外者であると主張し、紛争の解決には至らなかった。そこで申立人は、解雇予告手当の支払いを要求する労働審判の申立てを行った。

【甲６（申立人の陳述書）】

証拠方法

甲１号証　（求人広告）
甲２号証　（労働契約書）
甲３号証　（就業規則）
甲４号証　（給与支払明細書）
甲５号証　（解雇通知書）
甲６号証　（申立人の陳述書）

付属書類

1	申立書写し	４通
2	甲１から６号証までの写し	各２通
3	証拠説明書	２通
4	資格証明書	１通

申立人　○○○○
相手方　株式会社○○スーパー

平成○年○月○日

証拠説明書

東京　地方裁判所
労働審判委員会　御中

申立人　○○○○

号証	標目 (原本・写しの別)		作成 年月日	作成者	立証趣旨	備考
甲1	求人広告	写し	H○年○月○日	相手方	申立人は、相手方が募集した人材に合致していたこと	
甲2	労働契約書	原本	H○年○月○日	相手方及び申立人	申立人と相手方との間に平成○年○月○日に雇用契約が締結されたこと及び労働条件	
甲3	就業規則	写し	H○年○月○日	相手方	申立人に、自らの責による解雇事由がないこと	
甲4	給与支払明細書	原本	H○.○月分～○月分	相手方	申立人の賃金が、平成○年○月は99,000円、○月は103,500円、○月は108,000円であること	
甲5	解雇通知書	写し	H○年○月○日	申立人	相手方が、平成○年○月○日付で解雇したこと	
甲6	申立人の陳述書	原本	H○年○月○日	申立人	本件申立人の経緯など	

5 退職金の支給を請求する

就業規則や退職金規程をよく読んでおくこと

退職金規程がなくても退職金を請求できる場合がある

労働者の退職時に支払われる退職金にはいろいろな種類があります。退職手当、退職慰労金、退職年金などがそうです。しかし、労働基準法で定める就業規則に必ず規定しなければならない事項に退職金は入っておらず、退職金の支払いは法律上、必ずしも会社に義務づけられているものではないのです。

労働協約や就業規則などに退職金規程があり、その支払いが明記されている場合には、退職した社員は退職金をもらう事ができます。

また、就業規則に規程がなくても、退職金を出すことが社内慣行になっていたり過去に退職金が支払われた実績があれば、社員は退職金を支払うよう会社に請求できます。

実際にいくら退職金がもらえるかは、退職金規程を見ればよいのです。就業規則には、退職金規程が適用される社員の範囲や支給金額、支給時期、支給方法などが記載されています。在籍年数が長いとそれなりに支給金額が増えていくのが一般的なケースです。

支給されない場合には、必ずその理由を尋ね、納得がいかない場合には、労働組合や労使間の苦情処理委員会、労働基準監督署などに相談しましょう。それでも解決できない場合は、内容証明郵便で支給を請求した上で、民事調停を申し立てるとよいでしょう。

考えられる法的手段と書類作成の注意点

退職金を請求するために、労働者がとることができる手段には以下のものがあります。

話合いの成立する余地がある場合、民事調停の申立てを検討します。

申立ての際に、提出する調停申立書（書式８）の２枚目に、「紛争の要点」を記載する欄がありますので、雇用形態、支払いを求める退職金の額、会社側が支払いをしない事情を記載します。

当事者間だけでは、話合いでの解決が難しい場合で、裁判所に一定の判断を下して欲しい場合には労働審判の申立てを検討します。

労働審判手続申立書（書式９）には、退職に至る経緯を記載した記録を元にして申立ての理由を記載します。就業規則に退職金の規定がないものの、以前他の退職者に対して会社が退職金を支払った事実がある場合、他の退職者に退職金が支払われていた事実を示します。

この他、退職金の金額や支給の要件をめぐり、争いはあるものの、交渉の余地がある場合には、個別労働関係紛争解決制度を利用することもできます。個別労働紛争解決制度のあっせんを利用する場合、あっせん申請書（書式７）に退職金の不払いを不当と考える理由について具体的に記載します。所定の欄に記載しきれないときは、別紙を添付して詳細に記載するのがよいでしょう。

■ 退職金制度

性　格	①賃金の後払い、②功労報奨、③老後保障
規定の義務	私企業では、退職金の規定を置く義務はない
退職金を定めている場合	就業規則で定める場合には、適用範囲、決定方法、計算・支払方法、支払時期を記載する必要がある
一般的な算出式	退職時の基本給 × 勤続係数（勤続年数など）× α（退職事由係数）
退職所得	（退職金 − 退職所得控除額）× 0.5

書式７ 未払いの退職金の支給を求めるあっせん申請書

様式第１号（第４条関係）（表面）

あ　っ　せ　ん　申　請　書

紛争当事者	労働者	氏名	甲山　広子
		住所	〒○○○－○○○○　東京都○○区○○１丁目１番１号 電話　03　(○○○○) ○○○○
	事業主	氏名又は名称	株式会社　乙川開発 代表者代表取締役　乙川　次郎
		住所	〒○○○－○○○○　東京都○○区○○２丁目２番２号 電話　03　(○○○○) ○○○○
		※上記労働者に係る事業場の名称及び所在地	株式会社　乙川開発　本社 〒○○○－○○○○　東京都○○区○○２丁目２番２号 電話　03　(○○○○) ○○○○
あっせんを求める事項及びその理由			平成○○年○月○日に株式会社乙川開発に入社後、同社の製造部にて、設計業務に３年間携わり、平成○○年○月○日に自己都合で退職した。 同社は就業規則には退職金支給の定めはないが、平成△年△月△日に自己都合で退職した、勤続２年のＡ氏、私と同日の平成○○年○月○日に自己都合で退職したＢ氏にはそれぞれ給与１か月相当分の退職金が支給されている。私だけが退職金を支給されないことは納得がいかない。退職時の私の給与１か月相当分の金30万円の支払いを請求したい。
紛争の経過			退職１か月後の平成○○年○月○日、人事部長に説明を求めたが、「他の者への退職金は、勤続中の功績を評価した功労金であり、退職金の職場慣行ではない」と返答した。しかし、私より勤続年数の短いＡ氏をはじめ、今まで退職した社員の全員に退職金が支給されており、退職金の職場慣行があると判断される。 そこで私は、社会保険労務士と相談の上、あっせんに申し立てることにした。
その他参考となる事項			友人の勧めで社会保険労務士に相談し、さまざまなアドバイスをもらっている。現在のところ、訴訟までは考えていないが、あっせんが合意に至らない場合には、さまざまな法的手段も検討している。

平成○○年　○月　○日

申請人　氏名又は名称　　甲山　広子　　　　㊞

東京 労働局長　殿

書式８ 退職金の支給をめぐるトラブル（調停申立書）

裁判所用

調停事項の価額	300,000円	
ちょう用印紙	1,500円	印紙欄 （割印はしないでください）
予納郵便切手	2,500円	

民事一般
受付印

（給　料）

調　停　申　立　書

東　京　簡易裁判所　御中

作成年月日	平成　○　年　○　月　○　日
申立人	住所　（〒　**000－0000**　） **東京都○○区○○町○丁目○番○号** 氏名 ○○　○○　㊞ TEL　**03　－　0000　－　0000**　FAX　－　－
申立人 / 送達場所等の届出	申立人に対する書類の送達は，次の場所に宛てて行ってください。 ☑ 上記住所等 □ 勤務先　名称 〒 住所 TEL　－　－ □ その他の場所（申立人との関係　　） 〒 住所 TEL　－　－
申立人 / 送達場所等の届出	□ 申立人に対する書類の送達は，次の人に宛てて行ってください。 氏　名
相手方	住所（所在地）（〒　**000－0000**　） **東京都○○区○○町○丁目○番○号** 氏名（会社名・代表者名） **株式会社○○開発** **代表者代表取締役**　○○　○○ TEL　**03－0000－0000**　FAX　－　－
申立ての趣旨	相手方は，申立人に対して，金　**300,000**円を支払うこと
紛争の要点	後記記載のとおり

上記のとおり調停を求めます。

裁判所用

紛争の要点（下記のとおり）

1　あなたの働いていた期間

平成○○年　○ 月　○ 日から同○○年　○ 月　○ 日まで

2　していた仕事

相手方は金型の製造・販売を行う会社で、自分は設計業務に従事した。

3　どんな形で雇われていましたか（いずれかにレを付けてください。）。

☑ 一般の従業員（正社員）　　☐ 臨時の従業員、臨時工
☐ パートタイマー　　☐ アルバイト
☐ その他　具体的には（　　　　　　　　　　　）

4　あなたの給料（いずれかにレを付けてください。）

☑ 1か月
☐ 週
☐ 1　日
☐ 1時間
金　**300,000** 円

5　支払を求める賃金（いずれかにレを付けてください。）

☐ 給　　料
　☐ 平成　　年　　月分から同　　年　　月分　　合計金　　　　円……①
　☐ 平成　　年　　月　　日から
　　同　　年　　月　　日までの　　日分　　合計金　　　　円……②
　☐ 平成　　年　　月　　日から
　　同　　年　　月　　日までの　　時間分　　合計金　　　　円……③
☐ 賞　与　　金　　　　円……④
☑ 退　職　金　　金 **300,000** 円……⑤
☐ 解雇予告手当　　金　　　　円……⑥　　総計金　**300,000** 円
（①+②+③+④+⑤+⑥）

6　相手方が支払をしない事情等

同僚が過去に自己都合退職した際、給与1か月分相当の退職金が支給されたが、これは勤続中の功績を評価した功労金であり、退職金の職場慣行ではないと言って自分には支給しない。

添付書類	
商業登記簿謄（抄）本又は登記事項証明書	1　通
給与明細書写し	1　通
労働契約書	**1　通**
同僚の退職金支給明細書	**1　通**

書式9　未払い退職金を請求する場合の労働審判手続申立書

労働審判手続申立書

平成24年7月2日

東京地方裁判所　民事部　御中

〒○○○－○○○○　東京都○○区○○丁目○番○号
申　立　人　　村　山　士　郎　㊞
電話０３－○○○○－○○○○
ＦＡＸ０３－○○○○－○○○○

〒○○○－○○○○　東京都□□区□丁目□番□号
相　手　方　　株式会社トップダウン
同代表者代表取締役　　春　山　美由紀
電話０３－○○○○－○○○○
ＦＡＸ０３－○○○○－○○○○

退職金等請求労働審判事件
労働審判を求める事項の価額　　金125万円
ちょう用印紙額　　6000円

第１　申立ての趣旨

１　相手方は申立人に対して、金100万円及びこれに対する平成24年3月11日から支払済みまで年６％の割合による金員を支払え。

２　相手方は申立人に対して、金25万円及びこれに対する平成○年○月○日から支払い済みまで年６％の割合による金員を支払え。

３　申立費用は相手方の負担とする。
との労働審判を求める。

第２　申立ての理由

１　雇用契約の成立

⑴　相手方は、印刷業を営む株式会社であり、従業員数は10名である。

⑵　申立人は、相手方に平成13年６月５日に雇われた。当初はアル

バイトだったが、勤務態度もよく、平成 14 年 8 月 16 日には、フルタイム労働の契約社員として雇用された。その後、労働契約は半年ごとに何度か更新され、平成 17 年 8 月 15 日の更新後は自動継続になっていた。

それからしばらく相手方に勤務したが、平成 23 年 11 月から平成 24 年 2 月までの間、賃金が支払われなかったため、平成○年○月○日に自主的に退職した。

【甲 1（雇用契約書）】

2　未払賃金・退職金の計算

(1)　未払賃金

申立人の給与は基本給 25 万円である。給与支払は月末締め翌月 10 日払いである。

相手方は 11 月から 2 月までの 4 か月分の給与を支払っていない。

したがって、未払賃金は 25 万円 ×4 月＝100 万円となる。

(2)　退職金

相手方の退職金規定（就業規則）によれば、申立人の退職金額は、退職時の基本給 1 か月分となるから、金 25 万円である。

【甲 2（就業規則）甲 3（給与明細書）、甲 4（タイムカード）】

3　未払賃金と退職金の支払い拒否

退職後、申立人は相手方に未払賃金と退職金の支払いを求めた。しかしながら、相手方は、業績が悪化したという理由で支払おうとしない。

4　よって申立人は、相手方に対し、①未払賃金100万円及びこれに対する平成24年 3 月11日から支払済みまで年 6 %の割合による遅延損害金ならびに②遅延金25万円及びこれに対する平成○年○月○日から支払済みまで年 6 %の割合による延遅延損害金の支払いを求める。

第 3　予想される争点及び争点に関連する重要な事実

1　本件の争点は、相手方の支払い拒否が認められるか否かである。

2　支払義務の有無

相手方は、業績が悪化したことを理由に支払いを拒否しているが、賃金の支払いは相手方の義務であり、また、退職金については、退職金規定に定めがあるので、支払いを拒否できることにはならない。

第4　申立てに至る経緯の概要

申立人は、未払賃金と退職金の支払いを求め、相手方と何度が交渉をしたが、相手方は業績が悪化したからというだけで、交渉に応じる気配がまったくない。そこで、東京労働局で相談をしたところ、労働局と相手方との話し合いで、未払賃金と退職金を支払う合意をする旨の承諾が得られた。しかし、合意書にサインする直前になり、社長の承認が得られていないことがわかり、合意が引き伸ばされた。その後、合意に向けた話し合いが行なわれていない。そこで、申立人は、相手方に対して未払賃金と退職金を求める本労働審判の申立てを行った。

【甲5(申立人の陳述書)】

証拠方法

甲1号証　(雇用契約書)
甲2号証　(就業規則)
甲3号証　(給与明細書)
甲4号証　(タイムカード)
甲5号証　(申立人の陳述書)

付属書類

1	申立書写し	4通
2	甲1から5号証までの写し	各2通
3	証拠説明書	2通
4	資格証明書	1通

申立人　村山　士郎
相手方　株式会社トップダウン

平成24年7月2日

証拠説明書

東京　地方裁判所
労働審判委員会　御中

申立人　村山　士郎

号証	標目（原本・写しの別）		作成年月日	作成者	立証趣旨	備考
甲1	雇用契約書	原本	H13.6.10	相手方及び申立人	申立人と相手方との間に平成13年6月10日に雇用契約が交わされたこと及び労働条件	
甲2	就業規則	写し	H5.3.10	相手方	退職金規定が記載されている事実	
甲3	給与明細書	原本	H23.10	相手方	最後に支払われた給料の明細から、基本給が月25万円であること	
甲4	タイムカード	写し	H23.11～H24.2	申立人	申立人が平成23年11月から平成24年2月末日まで勤務した事実	
甲5	申立人の陳述書	原本	H24.7.1	申立人	本件申立ての経緯など	

6 セクハラ、パワハラの慰謝料を請求する

断固とした措置をとること。話合いがダメなら法的手段しかない

相談機関で解決を図るのがベスト

セクハラとは「性的いやがらせ」の事です。男女雇用機会均等法では、①相手の意に反する性的な言動があること、②仕事上の不利益を受けるおそれのあること、③職場環境が悪化すること、の３つをセクハラといえるための要件として規定しています。もし、このようなセクハラ行為があれば、使用者である会社としては何らかの対策を講じる義務がありますし、被害者も対応を考えなければなりません。

ただ、これが果たしてセクハラにあたるかどうかという場合の取扱いは問題です。まず自分が不快に感じたら、止めてくれるよう率直に申し入れてみます。それでも相手が止めてくれない場合には、これは明らかなセクハラ行為ですから、断固とした措置をとるべきです。

相談機関（労働基準監督署や各都道府県の女性少年室など）に積極的に相談に行き、そこで話合いによる解決を図るようにするのがよいでしょう。労働組合でセクハラ相談を行っているところもあります。

話合いがうまくいかない場合には、法的手段をとるしかありません。直接の加害者には、不法行為責任（民法709条）の追及（損害賠償請求）ができます。会社に対しては、加害者の使用者としての責任（民法715条）を追及できます。判例にも、会社側の対応がずさんな場合に、加害者本人だけでなく会社側の使用者責任を認めたものがあります。調停による解決も可能ですから、弁護士に相談してみるとよいでしょう。

パワハラとは

パワーハラスメント（パワハラ）とは、職務上の地位や職権を利用

して相手に対して嫌がらせをすることを言います。具体的には、不合理な命令、過剰な指導、被害者の人格を無視した行為、雇用不安を与える行為などを指します。不合理な命令とは、たとえば、仕事の内容をその部下だけに伝えなかったり、わざと仕事を与えなかったり、他の人が参加する会議に参加させない、といった行為のことです。また、実現することが不可能なノルマを課したり、その労働者の担当する業務とは無関係な仕事をさせるような場合は、過剰な指導にあたります。人格を無視した行為とは、その労働者を無視したり、誹謗中傷するといった行為の他、その労働者を孤立させるような行動も該当します。

考えられる法的手段と書類作成の注意点

セクハラ・パワハラの被害を受けた労働者がとることができる法的手段には以下のものがあります。

話合いの成立する余地がある場合、民事調停の申立てを検討します。調停申立書（書式10）の２枚目に「紛争の要点」を記載する欄がありますので、セクハラの態様や、請求する慰謝料の金額などを記載します。

当事者間だけの話合いでは解決が難しい場合で、裁判所に一定の判断を下して欲しい場合には労働審判の申立てを検討します。労働審判手続申立書（書式11）の「申立ての理由」には、セクハラ行為の実態、いつどのような形で誰から性的な嫌がらせを受けたのかについて具体的に記載します。損害賠償を請求する場合には、請求内容、損害額を明記し、弁護士に依頼している場合には、弁護士費用もあわせて請求します。

なお、会社側との交渉の余地がある場合には個別労働紛争解決制度のあっせんを利用するという方法もあります。あっせん申請書（書式12）には、被害の原因がパワハラであることと、請求内容を具体的に記載します。

書式10 セクハラをめぐるトラブル（調停申立書）

非定型

調停事項の価額	300,000円
ちょう用印紙	1,500円
予納郵便切手	2,500円

印紙欄
（割印はしないでください）

民事一般
受付印

（損害賠償）

調停申立書

東京 簡易裁判所 御中

作成年月日	平成 ○ 年 ○ 月 ○ 日
申立人	住所・氏名（氏名の横に押印してください。） （〒 000－0000） 東京都○○区○○町○丁目○番○号 ○○ ○○ ㊞ （TEL 00－0000－0000） （FAX － － ）
送達場所等の届出	申立人に対する書類の送達は，次の場所に宛てて行ってください。 ☑ 上記住所等 □ 勤務先 名称 （〒 － ） （TEL － － ） 住所 □ その他の場所（申立人との関係 ） （〒 － ） （TEL － － ） 住所 □ 申立人に対する書類の送達は，次の人に宛てて行ってください。 氏 名
申立人	住所・氏名（氏名の横に押印してください。） （〒 － ） ㊞ （TEL － － ） （FAX － － ）
送達場所等の届出	申立人に対する書類の送達は，次の場所に宛てて行ってください。 □ 上記住所等 □ 勤務先 名称 （〒 － ） （TEL － － ） 住所 □ その他の場所（申立人との関係 ） （〒 － ） （TEL － － ） 住所 □ 申立人に対する書類の送達は，次の人に宛てて行ってください。 氏 名
相手方	住所・氏名（所在地・会社名・代表者名） （〒 000－0000） 東京都○○区○○町○丁目○番○号 ○○ ○○ （TEL 00－0000－0000） （FAX － － ）
相手方	住所・氏名（所在地・会社名・代表者名） （〒 － ） （TEL － － ） （FAX － － ）
申立ての趣旨	（該当する数字を○印で囲んでください。） 相手方 は，申立人 に対して， ① 金 300,000 円を支払うこと 2 相当額の金銭を支払うこと との調停を求める。

非定型

紛争の要点	
1　セクハラ行為の内容 （1）発生年月日　平成○年○月○日から現在に至るまで （2）発生場所　東京都○○区○○町○丁目○番（申立人の勤務する会社内） （3）セクハラ行為の態様等 ・申立人は平成○年○月○日から「○○○○株式会社」に勤務しています。 ・相手方は申立人の直属の上司（管理課長）であり、申立人が同課に配属された平成○年○月○日の直後より、再三にわたって申立人に対し退社後の飲食を共にすることを強要しました。 ・申立人は、相手方が申立人の上司であることにより拒みきれず1回だけ同伴しましたが、相手方はそれをよいことにその後ますます執拗に迫るようになりました。 ・そこで、申立人がある日毅然と拒否しましたところ、相手方の態度が一変し、業務上の些細なミスともいえない事柄を取り上げて陰湿な叱責を繰り返すのみならず、申立人がいかにもふしだらな女性であるとのデマを職場内で言い触らすようになりました。 ・申立人はノイローゼ状態になり神経内科に通院を余儀なくされ、会社の人事課に相談しましたが事態を放置するのみで何ら手段を講じようともしません。 ・つきましては、職場での地位を利用した相手の行為により著しい精神的苦痛を与えられたので、慰謝料を請求します。 2　損害額 慰　謝　料　　金300,000円 合　　　計　　金300,000円（内金　　　0　円支払済み） 3　その他参考事項（相手方が支払をしない事情等） 相手方は、「食事に誘ったことも業務上のミスを叱責したのも、あくまで経験の浅い部下に対する配慮から出たものである。ふしだらな云々は、社会人として注意すべき一般論を述べたものであって、特定の人間について誹謗したわけではない。直属の上司として、業務の経験の浅い部下の指導に当たったまでで、セクハラの事実は全くない。よって、自らの名誉に係わる問題であるので、どうしてもということであれば、裁判で争う。」と言い立て、支払いに応じない。	
添付書類	給与等支払明細書　1　通 セクハラ行為の記録　1　通 診断書　1　通 領収書　1　通

書式11 セクハラによる慰謝料請求を求める労働審判手続申立書

労働審判手続申立書

平成 21 年 10 月 1 日

東京地方裁判所　民事部　御中

〒○○○－○○○○　東京都○○区○○丁目○番○号
申　立　人　　野　口　　鈴　㊞
電話０３－○○○○－○○○○
ＦＡＸ　０３－○○○○－○○○○

〒○○○－○○○○　東京都□□区□丁目□番□号○○
相　手　方　　　さくらぎ　株式会社
同代表者代表取締役　　桜　木　隆　夫
電話０３－○○○○－○○○○
ＦＡＸ　０３－○○○○－○○○○

損害賠償請求労働審判事件
労働審判を求める事項の価額　　金 270 万円
ちょう用印紙額　　9500 円

第１　申立ての趣旨
　１　相手方は申立人に対し、金270万円及びこれに対する平成21年９月１日から支払い済みまで年５％の割合による金員を支払え。
　２　申立費用は相手方の負担とする。
　との労働審判を求める。

第２　申立ての理由
　１　雇用契約の成立等
　　相手方はホームページ制作等を行っているサービス会社である。
　　申立人は平成 20 年９月５日に同社に契約社員として入社し、経理事務などのサポート業務を行っていた(給与は月 25 万円)。
【甲１(雇用契約書)】

2　セクシュアル・ハラスメント行為

⑴　申立人は所属部の部長Aの指示を受けて勤務していた。

当初Aとの関係には問題はなかったが、平成20年末の忘年会に参加し、カラオケでデュエット曲を歌った頃からAが申立人に対してしばしば食事や映画などに誘ってくるようになった。申立人が自分の都合があることを理由に断っていると、携帯のメールなどに「今何してる？」、「そろそろシャワーの時間でしょ」といったメールが相次ぐようになった。

⑵　その後もAからのメール攻勢は続いていたが、申立人が無視しているうち、Aのメールの内容がエスカレートするようになり、「顔写真を知り合いの出会い系サイトに使わせるぞ」など脅しに近いような言葉も受けた。

⑶　申立人は、人事部に対して、Aからセクハラを受けていることを報告した。しかるに、人事部はAの業績をほめたたえ、申立人に我慢を強いるように伝えただけだった。その後も、人事部に掛け合ったが、給与を引き上げるというだけで、我慢を強いることに代わりがなかった。最後に人事部に掛け合ったときは、セクハラを受けていることに対して疑問をもたれた。

申立人は上記の経緯に耐え切れず、平成21年7月頃からノイローゼ気味になり、平成21年9月1日から○○大学病院に通院している。

⑷　相手方には、被用者が労務に服する過程で生命および健康を害しないようにする職場環境などに配慮する義務があるはずである。今回、人事部はこの義務を怠ったといえる。そのため、使用者である相手方は債務不履行責任または不法行為責任を負う。

⑸　以上から、申立人は相手方に対して、⑶にある申立人の通院費用、後述する逸失利益、申立人が受けた精神的損害に対する賠償を求める。

【甲2（通院明細書）】

3　損害賠償請求権

前述した相手方の配慮義務違反によって、申立人に生じた損害は以下の通りである。

(1)　慰謝料　　200万円

(2)　逸失利益　50万円

申立人はノイローゼで通院しており、今後2か月は、治療のために復職が困難である。したがって、現在の給与の2か月分を請求する。

(3)　通院費　20万円

(4)　合計270万円

第3　予想される争点及び争点に関連する重要な事実

1　本件の争点は、Aの行為がセクシュアル・ハラスメントにあたるか否かである。

2　セクシュアル・ハラスメントの該当性

相手方はAの行為がセクシュアル・ハラスメントにあたらないのではないかと主張してくることが考えられる。

しかるに、申立人の言動や行動は、性的な意味合いを持つものであり、申立人が望むものではないので、セクシュアル・ハラスメントに該当する。

【甲3(メール内容の写し)、甲4(録音テープ)】

第4　申立てに至る経緯の概要

申立人は知人の弁護士に相談し、6月11日に相手方の人事部に対して何とかしてほしい旨を求めたが、「A君は成績がいいし、他の部署に移させるわけにはいかない。もう少し我慢してほしい」と取り合ってもらえなかった。

そこで申立人は8月になって相手方に対して「やめさせてほしい」旨を伝えたものの、「A君からは君がいることが職場が巧く回っていると言われている。気持ちは分かるが給与をあげるからもう少しだけ我慢してほしい」と言われた。なお、実際に8月9月の給与は28万円とそれまでより3万円上がっていた。

その後、8月20日にも相手方に掛け合ったが、「本当にセクハラがあったといえるのか」と疑問をもたれた。

以上から、相手方には全く誠意がないわけではないが、申立人の受けている精神的苦痛の本質的解決は図ってくれそうにない状況であり、やむなく本申立てに至ったものである。

【甲5(申立人の陳述書)】

証拠方法

甲1号証　(雇用契約書)
甲2号証　(通院明細書)
甲3号証　(メール内容の写し)
甲4号証　(録音テープ)
甲5号証　(申立人の陳述書)

付属書類

1	申立書写し	4通
2	甲1から5号証までの写し	各2通
3	証拠説明書	2通
4	資格証明書	1通

申立人　野口　鈴
相手方　さくらぎ株式会社

平成 21 年 10 月 1 日

証拠説明書

東京　地方裁判所
労働審判委員会　御中

申立人　野口　鈴

号証	標目（原本・写しの別）		作成年月日	作成者	立証趣旨	備考
甲 1	雇用契約書	原本	H20.9.5	相手方及び申立人	申立人と相手方との間に平成20年 9 月 5 日に雇用契約が交わされたこと及び労働条件	
甲 2	通院明細書	原本	H21.5から H21.9	S 病院	申立人がノイローゼ気味で通院費用として20万円かかったこと	
甲 3	メール内容の写し	写し	H20.12〜 H21.9	A	申立人がAから交際を求められたり、猥褻な内容のメールを送られたこと	
甲 4	録音テープ	原本	（録音日）H21.6.11 H21.8.9 H21･8･20	(録音者) 申立人	相手方とのやりとりでは解決しそうにないこと	
甲 5	申立人の陳述書	原本	H21.9.30	申立人	本件申立ての経緯など	

書式12 パワハラの被害者が慰謝料の支払いを求めるあっせん申請書

様式第１号（第４条関係）（表面）

あ　っ　せ　ん　申　請　書

紛争当事者	労働者　氏名 住所	甲田　二郎 〒○○○－○○○○　東京都○○区○○○丁目○番○号 電話　03　(○○○○)　○○○○
	事業主　氏名又は名称 住所	株式会社　乙海物産 代表者代表取締役　乙海　良夫 〒○○○－○○○○　東京都○○区○○△丁目△番△号 電話　03　(○○○○)　○○○○
	※上記労働者に係る事業場の名称及び所在地	株式会社　乙海物産　本社 〒○○○－○○○○　東京都○○区○○△丁目△番△号 電話　03　(○○○○)　○○○○
あっせんを求める事項及びその理由		平成○○年○月○日に株式会社乙海物産に入社後、同社の商品企画部にて、商品開発、市場調査といった業務に携わっている。 平成○○年○月頃より、上司である○○氏より連日のように嫌がらせを受け、１週間以上にわたる徹夜での作業といった不当な命令を受けている。社内の職場相談窓口に相談したが、有効な対策を示してもらえず、私は体調を崩し、医師の診察を受けたところ、重度のうつ病と診断された。 私としては、事業主が速やかに適切な対処を実施していれば、病気になることはなく、事業主の責任は大きいと考える。治療代及び慰謝料として金100万円の支払いを請求したい。
紛争の経過		平成○○年○月頃より、上司から嫌がらせを受けていたが、職を失いたくないという気持ちがあり、耐えてきた。しかし４か月が経過し、嫌がらせは、収まるどころか日に日にエスカレートしていった。そこで、社内の職場相談窓口に相談したが、話を聞き流すだけで、具体的な対策を検討してくれなかった。ついに私は体調を崩し、出社できなくなった。 私は、精神科医の診察を受け、重度のうつ病と診断され、その医師のアドバイスによりあっせんに申し立てることにした。
その他参考となる事項		主治医である精神科医より弁護士も紹介してもらっている。現在のところ、具体的な相談はしていないが、あっせんが合意に至らない場合には、弁護士と相談し、さまざまな法的手段も検討している。

平成○○年　○月　○日

申請人　氏名又は名称　　甲田　二郎　　　　㊞

東京 労働局長　殿

Column

証拠の準備をしっかりしておく

民事調停など、裁判所を通した手続きにおいては、自分の主張が正しいということを、第三者である調停委員に納得してもらわなければなりません。そのとき必要になるのが証拠です。調停申立書にも証拠資料など、添付書類をつけます。職場のトラブルでしたら契約書や給与明細の写しなどが証拠になります。

自分にとって有利な証拠をより多く集めて、調停委員の目の前に提出できれば有利ですから、申立てをする前に証拠を準備しておくことが極めて大切です。できれば、文書の形になっている証拠（契約書や診断書など）を探して用意しておくようにしましょう。

■ 証拠のとりかた

	収集の場所	証拠となるもの
利害関係人など第三者も閲覧や謄写が認められるもの	市区町村役場	固定資産課税台帳（東京都 23 区の場合は都税事務所）、住民基本台帳、住民票、家屋課税台帳、都市計画図
	税務署	路線価図
	法務局	土地・建物登記簿、建物所在図、地図（土地の区画・地番）、法人登記簿
	陸運事務所	自動車登録原簿
	特許庁	特許、意匠、商標、実用新案権の各原簿など
相続人が収集できるもの	金融機関	被相続人の取引経緯明細書、残高証明
	郵便局	郵便貯金の残高、簡易保険加入の有無

第5章

事故と損害賠償の解決書式

1 交通事故トラブルをどう解決する

いきなり訴訟にはしない。紛争処理センターに行き相談する

90%以上のトラブルが示談で解決する

交通事故の発生により人損・物損が生じると、加害者に損害賠償をしていくという民事上の問題が発生します。民事上の問題を解決する手段には、①示談、②簡易裁判所での調停（31ページ）、③通常訴訟・少額訴訟といった裁判手続きがありますが、交通事故による紛争は、示談によって処理されるケースがほとんどです。

加害者側の保険会社の担当者と交渉するのが一般的

示談は、被害がそれほど大きくなく、賠償金が自賠責の範囲で収まる場合には、それほど問題になりません。しかし賠償金が自賠責だけではなく、任意保険からも支払われることになる場合、被害者には保険会社との交渉という問題が発生します。

本来示談は被害者と加害者との間で直接行われるべきなのですが、現在の任意保険はほとんど示談代行つきの契約になっているので、たいていの場合、事故の加害者は交渉の場に現れません。被害者は加害者が加入している保険会社の担当者との間で話合い（示談交渉）をすることになります。

保険会社の担当者は、言ってみれば交通事故における示談交渉のプロです。一方被害者は、交通事故についての法律はおろか、普段交渉事とも縁の薄いという人のほうが多いようです。交渉に臨んでも、被害者が自分の意見を正確に伝えるのも難しいかもしれません。実際、保険会社が損害賠償金を低めに見積もってくるということもあり得るので、被害者が独力で示談に臨むのはできるだけ避けた方がよいでしょう。交通事故のトラブルについては多くの種類の相談機関（182

ページ）が存在します。被害に遭って、ただでさえ辛い状態です。示談にサインする前に、このような相談機関のアドバイスを利用して気持ちを整理した上で交渉に臨むようにしましょう。

なお、加害者と直接示談交渉をしなければならないにもかかわらず、加害者の誠意がまったく見られず、事故の損害賠償金を払ってくれそうもないような場合は、加害者が加入している強制保険の保険会社に対して、直接支払を請求することもできます。

もっとも現実の交通事故では、加害者だけに一方的な非があるという場合は少なく、事件の被害者側にも何らかの落ち度がある場合が通常です。そのような場合は被害者の加入している保険会社と加害者の加入している保険会社との間で示談交渉がなされることになります。

被害者が保険会社との示談交渉で注意すること

示談交渉は通常何回にも渡って行われるものです。ですから、示談交渉をした年月日とそのときに話し合われた内容をできるだけ詳しくメモしておくことです。できれば、ボイスレコーダーなどに会話をすべて録音しておきましょう。次に、話合いに臨むときは常に平常心を

■ 紛争処理センターでの示談・あっせんのしくみ

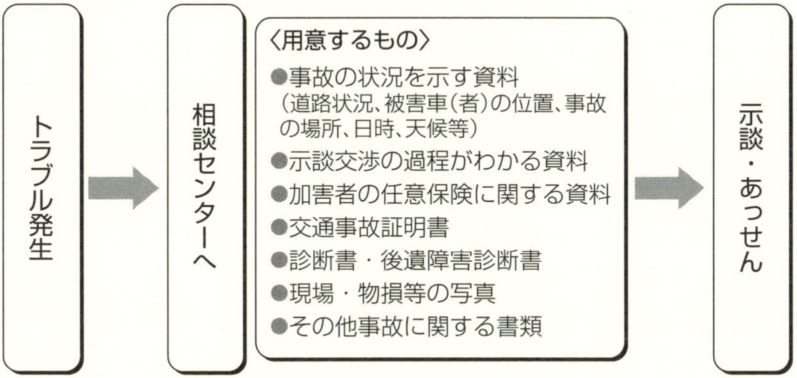

トラブル発生
相談センターへ
〈用意するもの〉
●事故の状況を示す資料
（道路状況、被害車（者）の位置、事故の場所、日時、天候等）
●示談交渉の過程がわかる資料
●加害者の任意保険に関する資料
●交通事故証明書
●診断書・後遺障害診断書
●現場・物損等の写真
●その他事故に関する書類
示談・あっせん

保つように心がけます。冷静に構えて、こちらの言い分をはっきりと相手の担当者に言うようにします。

保険会社の提示する賠償金額に納得できない場合

ところで、保険会社の担当者が「もうこれ以上出せない」といっても、それは任意保険会社の内部基準で出せないということにすぎません。どうしても納得できない場合には、示談に応じる必要はありません。この場合は、最終的には裁判所に対して損害賠償請求訴訟を提起することになります。

保険会社の提示内容に納得できず、相手方との直接交渉を拒絶した場合、（公財）交通事故紛争処理センターや（公財）日弁連交通事故相談センターによるあっせんで解決を試みる方法があります。この2つの機関は相談を受け付けているだけでなく、必要に応じてあっせんも行っています。どちらも、弁護士が無料で示談のあっせん（弁護士が中立の立場で被害者と加害者の間に入り、示談が成立するように援助をすること）をしています。

また、損害賠償などの法律問題について相談したいときには弁護士会の相談所を利用することもできますし、保険関係の手続きについては、自動車保険請求センター、その他一般的な相談は都道府県や市区町村の相談所などを利用することもできます。

相談所によっては予約制になっている場合もありますから、行く前に必ず電話で相談日時を確認して、必要にあわせて予約を入れておくようにします。なお、事故状況を口頭で説明するのはなかなか難しいものです。そのため、「交通事故証明書」や「診断書」、事故現場の写真などの資料がある場合は持参するとよいでしょう。

2 示談交渉を始めるにはタイミングも重要

通院治療中の示談交渉は時期尚早である

示談の交渉はいつ始めればよいか

まず、交通事故などで、被害者が損害賠償を請求する場合、慰謝料を含めて、その金額を具体的に明示しなければなりません。しかし、治療がすべて終わっていない段階では、治療費や仕事を休んだ分の逸失利益などは、まだ、計算できません。また、慰謝料も、入院期間、通院期間、通院実日数などによって計算されるため、請求できません。後で、後遺症についての治療費を請求しようとしても原則として認められません。したがって、治療がすべて終了し、全損害額を計算してから、示談交渉を開始すべきです。まだ、通院治療中の場合には、示談交渉は時期尚早です。

次に、示談交渉にあたっての留意点ですが、損害額の計算は勝手な言い分が通るわけではありません。弁護士会・市区町村役場・保険会社の無料法律相談を利用して、相場を調査しておきましょう。

傷害事故の示談交渉がはじまる時期

交通事故で負ったケガが完治し、リハビリの必要もなくなった時点で、事故による治療費、入通院費、逸失利益などの損害額や慰謝料の額を計算できることになります。つまり、この時点ではじめて示談交渉ができるわけです。ただ、自賠責保険（強制保険）の場合、損害保険会社に対して損害賠償が請求できるのは、原則として事故があったときから２年間に限られます。この時効期間が過ぎてしまうと加害者に対しては損害賠償を請求できますが、保険会社に対する請求はできなくなりますから、加害者に資力がない場合、実質的に損害賠償が受けられなくなります。注意しましょう。

加害者が任意保険に加入していれば、普通、保険会社のほうから示談交渉の開始時期の申入れ（電話など）があります。示談交渉は何回かに渡って行われるものです。最初の交渉では、具体的な損害賠償額の提示はなく、あいさつや様子うかがいのような感じの場合もあります。数回の交渉を経て、やっと損害賠償額が提示されたからといってすぐに示談書にサインをしてはいけません。保険会社は自社の保険金支払基準に従った賠償額を示してきますが、これは確定した金額ではなく、また、一般的に低く設定されているからです。賠償額が提示されてからが本格的な示談交渉なのです。

死亡事故の示談交渉が始まる時期

死亡事故の場合の示談交渉は、亡くなった方の葬式が終わってからになりますが、普通、49日の法要が済むまでは何かとあわただしいものです。しかし、死亡事故の場合も、死亡の日から２年が経過すると時効によって保険会社に賠償請求できなくなりますから、その前に示談交渉を終える必要があります。

どんな書類を集めておけばよいのか

加害者側との示談交渉を開始するにあたって、事故の事実関係を整理し、損害額を算出するための資料が必要になります。強制保険と任意保険でだいたい同じような書類が必要になりますが、任意保険の場合、保険会社によって必要となる書類が多少異なります。

まず、交通事故証明書が必要です。交通事故証明書は事故の起きた経過や原因を確認するために参考とする書類です。自動車安全運転センターに交付を申請します。

また、死亡事故の場合、損害賠償を請求することができるのは被害者（死亡した者）の相続人になります。自分が被害者の相続人であることを証明するためには、死亡した被害者の除籍謄本と相続人本人の戸籍謄本が必要です。その他、ケガの治療や手術をしたことを証明するために、診断書（死亡事故の場合は死体検案書）や診療報酬明細書、各種領収書なども必要になります。さらに、死亡事故の場合、死亡した者の葬儀費用、仏壇購入費、墓碑建立費などが損害として認められることもありますので、これらの明細や領収書もとっておきます。

収入を証明するために必要な書類は

事故でケガをしたため、会社を休むこととなり、その間の給料がもらえない場合、事故がなければ得ていたはずの給料に相当する金額が損害賠償として認められます。また、死亡事故であれば、死亡した者が、事故が起きていなければ生涯にもらえたはずの給料や退職金に相当する額を損害額に算入できます。このように事故がなければ得ていたはずの利益のことを逸失利益といいます。逸失利益の額を求めるときは、その者の過去の収入を証明する書類が必要になります。この書類に該当するのは、会社員や公務員などの給与所得者であれば、源泉徴収票、所得証明、給与明細などです。個人事業者の場合は、確定申告書の写し（または控え）や納税証明書によって収入を証明します。

■ 示談前に集めておきたい書類

交通事故証明書	自動車安全運転センターで発行してもらう
相続人であることを証明する書類	・除籍謄本（被害者死亡のとき） ・戸籍謄本（遺族分）
実際にかかった費用を証明する書類	・診断書 ・診療報酬明細書 ・その他領収証
被害者の収入を証明できるもの	・源泉徴収票 ・所得証明 ・確定申告書控え ・その他被害者の収入が証明できるもの（会計帳簿など）

3 交通事故で傷害を負った被害者からの賠償請求

治療費、休業補償、慰謝料などを請求できる

傷害を負った場合にはどうなる

交通事故で傷害を負った場合の損害賠償請求は、本人が行うのが原則です。ただ、たとえば、未成年者が被害者の場合はその未成年者の親（親権者）が、また、被害者が成年被後見人の場合は成年後見人が、それぞれ代理人として本人の代わりに請求することになります。

被害者に重度の後遺障害が残った場合は、被害者を看護することになる配偶者などの一定の者が自己の権利として加害者に慰謝料を請求できることもあります。交通事故の被害者が加害者に対して請求できるものは、①実際に支出した治療費など（積極損害）、②仕事を休んだための休業補償や障害が残ったときの逸失利益（消極損害）、③精神的な苦痛に対する慰謝料、④弁護士報酬（裁判で損害として認められた額の１割程度）の４つです。なお、被害者に過失があった場合は、請求できる損害賠償額が減額されることがあります。また、賠償金の二重取りを防ぐために、被害者が事故によって得た利益（保険金など）についても損害賠償額から控除されることがあります。

精神的な苦痛に対する慰謝料について

誰であれ交通事故の被害者になることは、かなりの精神的苦痛を伴います。この苦痛を金銭に換算して補てん（埋め合わせ）しようというのが慰謝料です。死亡事故・傷害事故・後遺症が残る事故など、どんな事故であっても精神的苦痛は発生する場合がありますが、本項目では傷害事故の際に支払われる慰謝料の金額について説明します。

ただ、治療費や自動車の修理代のように、請求書や領収書が被害者に交付されるわけではありませんから、被害者側と加害者側の双方の

事情を総合的に考慮して、その金額を決定します。その際に考慮される事情には以下のようなものがあります。

① **被害者側の事情**

ア　負傷した身体の部位及びその程度

イ　入院・通院期間など治癒にいたる経過

ウ　被害者の資産や収入及び生活程度、被害者の家庭内における立場や扶養の関係

エ　年齢、性別、学歴、職業、既婚未婚の別、社会的地位など

② **加害者側の事情**

ア　スピード違反、飲酒運転、無免許運転などの不法行為の有無・程度

イ　謝罪や見舞いがあったとか、または示談交渉に誠意はあったかなど加害者の態度や姿勢

これらの事情を総合的に考慮して、慰謝料を算出することになります。慰謝料の算定の際に金額の目安となるのが「入・通院慰謝料表」という入院と通院における慰謝料を算出する基準を提示している資料です。作成しているのは、日本弁護士連合会（日弁連）の交通事故相談センターです。慰謝料の算出が難しいときは、参考にして下さい。

示談や調停の活用

示談をする場合、示談書（書式１）には加害者と被害者との間でどのような示談が成立したのかを具体的に記載します。支払うべき損害賠償や慰謝料の金額、支払方法、支払時期や支払期限、後遺症が出た場合の対応などについて書いておくべきです。示談がまとまらない場合でも、話合いでまとまる可能性がある場合、民事調停の利用を検討するのがよいでしょう。民事調停は、被害者が申し立てる場合（書式２）だけでなく、加害者が申し立てることもできます（書式３）。

書式1 示談書

<table>
<tr><td colspan="3">示　談　書</td></tr>
<tr><td>事故発生日時</td><td colspan="2">平成○ 年　○ 月　○ 日　午前 (午後)　○ 時　○　分頃</td></tr>
<tr><td>事故発生場所</td><td colspan="2">東京 (都) 道 府 県　○○区○○町○丁目○番先交差点</td></tr>
<tr><td rowspan="2">当　事　者　甲</td><td>住所</td><td>東京都○○区○○町○丁目○番○号</td></tr>
<tr><td>氏名</td><td>○ ○ ○ ○　　自動車登録番号 ○○○○○○○○○○</td></tr>
<tr><td rowspan="2">当　事　者　乙</td><td>住所</td><td>東京都○○区○○町○丁目○番○号</td></tr>
<tr><td>氏名</td><td>○ ○ ○ ○</td></tr>
<tr><td colspan="3">事故原因・状況
甲の運転する加害車両が交差点を右折したところ、横断歩道を横断中の乙をはね、乙に上腕部骨折、左下腿部打撲の傷害を負わせた。</td></tr>
<tr><td colspan="3">示　談　内　容
1．甲は乙に対して、本件事故による損害賠償金として、既払金の他に金○○万円の支払い義務があることを確認し、これを平成○年○月○日までに乙の指定する銀行口座に送金して支払う。
2．1の期限に遅れた場合には、年15%の遅延損害金を支払うものとする。</td></tr>
<tr><td colspan="3">上記の通り示談が成立しましたので、今後本件に関しては、相互に債権債務がないことを確認し、一切の異議、請求の申立てをしないことを誓約致します。
平成○ 年　○ 月　○ 日
当事者甲　住所　東京都○○区○○町○丁目○番○号
氏名　○ ○ ○ ○　㊞
運転者　住所　同　上
氏名　㊞
当事者乙　住所　東京都○○区○○町○丁目○番○号
氏名　○ ○ ○ ○　㊞</td></tr>
</table>

書式2 交通事故で傷害を負った場合（調停申立書）

調停事項の価額	260,000円	印紙欄 （割印はしないでください）	交通・民事一般 受　付　印
ちょう用印紙	1,500円		
予納郵便切手	2,500円		

（交　通）

調　停　申　立　書

○○ 簡易裁判所　御中

作成年月日	平成　○　年　○　月　○　日		
申立人	住所・氏名（氏名の横に押印してください。）　（〒○○○－○○○○） 東京都○○市○○町○丁目○番○号　鈴木 一郎 ㊞ （TEL　－　－　）（FAX　－　－　）		
	送達場所等の届出	申立人に対する書類の送達は，次の場所に宛てて行ってください。 ☑ 上記住所等 ☐ 勤務先　名称 （〒　－　）（TEL　－　－　） 住所 ☐ その他の場所（申立人との関係　） （〒　－　）（TEL　－　－　） 住所	
		☐ 申立人に対する書類の送達は，次の人に宛てて行ってください。 氏　名	
申立人	住所・氏名（氏名の横に押印してください。）　（〒　－　） ㊞ （TEL　－　－　）（FAX　－　－　）		
	送達場所等の届出	申立人に対する書類の送達は，次の場所に宛てて行ってください。 ☐ 上記住所等 ☐ 勤務先　名称 （〒　－　）（TEL　－　－　） 住所 ☐ その他の場所（申立人との関係　） （〒　－　）（TEL　－　－　） 住所	
		☐ 申立人に対する書類の送達は，次の人に宛てて行ってください。 氏　名	
相手方	住所・氏名（所在地・会社名・代表者名）　（〒○○○－○○○○） 東京都○○市○○町○丁目○番○号 田中 太郎 （TEL ○○○－○○○－○○○○）（FAX ○○○－○○○－○○○○）		
相手方	住所・氏名（所在地・会社名・代表者名）　（〒　－　） （TEL　－　－　）（FAX　－　－　）		
申立ての趣旨	（該当する数字を○印で囲んでください。） 相手方　は，申立人　に対して， 1　金　　円を支払うこと 2　相当額の金銭を支払うこと との調停を求める。		

紛争の要点						
交通事故の内容	発生年月日	平成 ◯年 ◯月 ◯日 (午前) 午後) ◯時 ◯分				
	発生場所	東京 (都)道府県 ◯◯郡区 (市)◯◯◯(町)村 ◯丁目 ◯◯先道路 （道路名　　　　　）				
	加害車の種類	（該当する数字を◯印で囲んでください。） ① 自動車　　　2 原動機付自転車 3 その他				
	加害車の所有者	田中　太郎				
	加害車運転者氏名	田中　太郎				
	加害車運転者と相手方との関係	田中　太郎が本人				
	被害者の氏名・年齢・職業	氏名	鈴木 一郎	45歳	氏名	歳
		職業	会社員		職業	
	被害者と申立人との関係	関係	本人		関係	
	被害の程度	（該当する数字を◯印で囲んでください。） 1 死亡　　② 負傷　　3 物損				
	後遺症	（該当する数字を◯印で囲んでください。） 1 有　　2 無　　③ 不明				
損害額	治療費	200,000 円		修理費		円
	休業損害	60,000 円				円
	慰謝料	円				円
		円				円
	合計	金 260,000 円 (内金 0 円支払ずみ)				
添付書類		交通事故証明書　　1 通　　診断書写し　　1 通 商業登記簿謄（抄）本又は登記事項証明書　　　　通				

書式3 加害者が申し立てる場合（調停申立書）

調停：交通
（□については，レ印を付したもの）

調停事項の価額 2,700,000 円
ちょう用印紙額 9,500 円
予納郵便切手の額 2,500 円

受付印

（交通・加害者申立）

調　停　申　立　書

東京簡易裁判所　御中

平成 25 年　1 月　28 日

申立人の住所・氏名・電話番号等

郵便番号　〒 ○○○ － ○○○○

住　所　東京都○○区○○町○丁目○番○号

氏　名　佐藤　花子　　印

送達場所　☑ 上記住所地　□ 次のとおり

電　話　○○ － ○○○○ － ○○○○

ファクシミリ　○○ － ○○○○ － ○○○○

相手方の住所・氏名

郵便番号　〒 ○○○ － ○○○○

住　所　東京都○○区○○町○丁目○番○号

氏　名　高橋　愛

□ 別紙のとおり当事者複数あり

調停：交通
（□については，レ印を付したもの）

申　立　の　趣　旨
□　申立人　が相手方　に支払うべき損害賠償額を確定する
☑　申立人　の相手方　に対する債務は存在しないことを確認する
との調停を求める。

紛　争　の　要　点				
交通事故の態様	発生日時	平成 24 年 12 月 24 日午前・(午後) 21 時 30 分ころ		
	発生場所	東京 (都)・道・府・県）　○○　市・(区)　○○　丁目　○○　先道路		
	申立人側（加害者）の車両等	☑自動車　□オートバイ（自動二輪）　□原動機付自転車　□自転車 □その他（　　　　） 車両登録番号		
	同車両運転者	申立人	申立人との関係	本人
	同車両所有者	申立人 （人身事故の場合に記載する）	申立人との関係	本人
	相手方側（被害者）の車両等	□自動車　□オートバイ（自動二輪）　□原動機付自転車　□自転車 ☑歩行者　□その他（　　　　）		
	同車両運転者		相手方との関係	
	同車両所有者	（人身事故の場合に記載する）	相手方との関係	
	被害の程度	□死亡　☑負傷　□物損		
	後遺症	□有　☑無　□不明		

その他	事故の態様，相手方の請求内容，申立人による支払済みの額，事故後の交渉経緯など参考となる事項を記載する。

1　交通事故の態様は，別紙の「事故発生状況説明図」に記載

2　相手方は、本件事故によって左大腿部打撲、臀部挫傷等の傷害を負い、平成24年12月25日から平成25年１月３日まで○○病院に入院して完治した（入院日数10日）ことから、申立人は相手方に対して平成25年１月15日までに、治療費○万円、慰謝料○万円を支払った。

3　相手方は見舞金と称して200万円を請求し、また、いまだ完治しておらず××病院に通院中であるとして、金70万円を請求している。

4　見舞金については、慰謝料○万円を既に支払い済みである。また、××病院への通院については、相手方は本件事故以前から治療していたものであり、治療箇所は右膝であるため、本件事故と因果関係のある損害のための治療であるとはいえない。

5　上記のとおりであって、円満に事件を解決したいので、本件調停の申立てをする。

添付書類

☑ 交通事故証明書（　　通）　☑ 領収書　☑ 事故発生状況説明図

☐ 履歴事項全部証明書（　　　通）

☐

事故発生状況説明図

（表示例） 四輪車（加害車 ，被害車 ） バイク等（加害車 ，被害車 ）
進行方向（→）

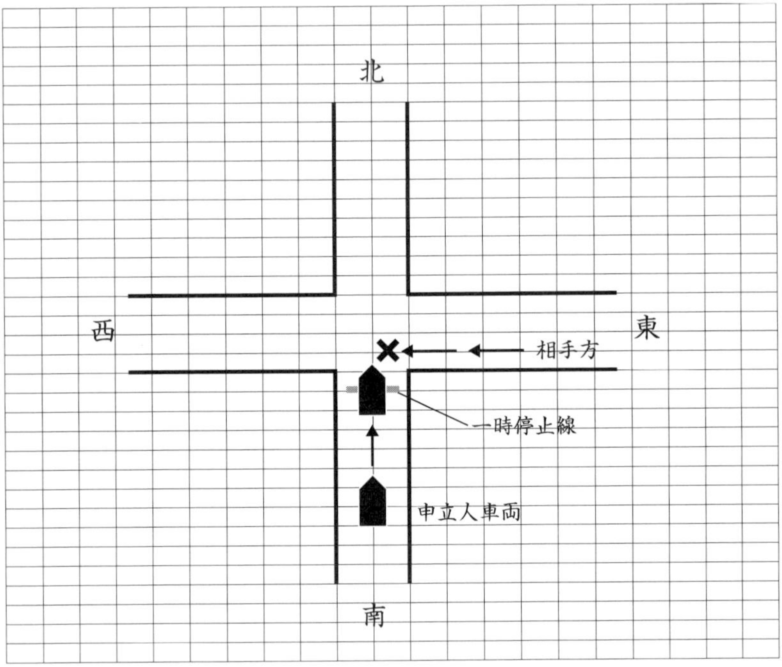

上記の説明を書いてください

1　申立人は、北に向かって道路を走行していた。

2　申立人は、一時停止のためにブレーキをかけた。しかし、ブレーキをかけるタイミングが遅く、停止線を越えて交差点に進入した。

3　相手方は、申立人がブレーキをかけた際、東側から歩行してきた。

4　申立人と相手方が同時に交差点に進入しようとしたため、申立人の車両と相手方が接触したものである。

4 交通事故で死亡した被害者側からの賠償請求

即死の場合と、手術や治療後に亡くなった場合がある

死亡事故がもたらす影響は大きい

交通事故がもたらす被害の中でも最も深刻なのが、死亡事故です。

死亡事故によって生じる損害は、①積極損害と、②逸失利益（その事故がなかったならば得られていたであろう利益のこと。減少した収入に相当する額）、③慰謝料です。死亡事故の①積極損害とは、具体的にはａ死亡までの医療関係費、ｂ葬儀関係費、ｃ交通費などの雑費です。

同じ交通事故死であっても、死亡までの経緯によって、遺族が加害者に請求できる損害賠償の内容に違いが生じてきます。

交通事故が原因で亡くなった経緯は、２つのパターンに分けることができます。１つは即死の場合で、もう１つは、手術や治療を試みたものの亡くなってしまった場合です。

即死の場合であれば、運ばれた病院で生命活動が本当に停止したか確認することになるのでその際かかる費用が医療関係費になります。一方、入院して治療行為を受けた後に死亡したという場合、死亡に至るまでの傷害に対しての賠償額を計算することになります。つまり、治療費（手術代を含む）、入院費、付添看護をした場合には付添看護費、入院雑費、交通費など実際に支出した費用の他、休業損害や慰謝料についても、即死の場合の損害賠償額に加算して請求することができるのです。

示談が成立した場合、示談書（書式５）には示談内容を記載します。被害者が調停を申し立てる場合、事故の内容や損害額といった事項を申立書（書式４）に記入することになります。

書式4　交通事故で死亡した場合（調停申立書）

調停事項の価額	60,100,000円	印紙欄 （割印はしないでください）	交通・民事一般 受　付　印
ちょう用印紙	86,200円		
予納郵便切手	2,500円		

（交　通）

調　停　申　立　書

簡易裁判所　御中

作成年月日	平成　○　年　○　月　○　日	
申 立 人	住所・氏名（氏名の横に押印してください。）　（〒○○○－○○○○） 東京都○○区○○町○丁目○番○号　吉田　正夫 ㊞ （TEL 03 －○○○○－○○○○）　（FAX 03 －××××－××××）	
	送達場所等の届出	申立人に対する書類の送達は，次の場所に宛てて行ってください。 ☑ 上記住所等 ☐ 勤務先　名称 （〒　－　）（TEL　－　－　） 住所 ☐ その他の場所（申立人との関係　） （〒　－　）（TEL　－　－　） 住所
		☐ 申立人に対する書類の送達は，次の人に宛てて行ってください。 氏　名
申 立 人	住所・氏名（氏名の横に押印してください。）　（〒　－　） ㊞ （TEL　－　－　）　（FAX　－　－　）	
	送達場所等の届出	申立人に対する書類の送達は，次の場所に宛てて行ってください。 ☐ 上記住所等 ☐ 勤務先　名称 （〒　－　）（TEL　－　－　） 住所 ☐ その他の場所（申立人との関係　） （〒　－　）（TEL　－　－　） 住所
		☐ 申立人に対する書類の送達は，次の人に宛てて行ってください。 氏　名
相 手 方	住所・氏名（所在地・会社名・代表者名）　（〒○○○－○○○○） 東京都○○区○○町○丁目○番○号　長谷川　大樹 （TEL 03 －○○○○－○○○○）　（FAX 03 －××××－××××）	
相 手 方	住所・氏名（所在地・会社名・代表者名）　（〒　－　） （TEL　－　－　）　（FAX　－　－　）	
申立ての趣旨	（該当する数字を○印で囲んでください。） 相手方　は，申立人　に対して， 1　金　　　　　　　円を支払うこと 2　相当額の金銭を支払うこと との調停を求める。	

紛争の要点						
交通事故の内容	発生年月日	平成 ○ 年 ○ 月 ○ 日（午前・午後） ○ 時 ○ 分				
	発生場所	東京 都道府県 ○○ 市郡区 ○○○ 町村 ○丁目 ○○ 先道路（道路名 ）				
	加害車の種類	（該当する数字を○印で囲んでください。） 1 自動車　2 原動機付自転車 3 その他				
	加害車の所有者	長谷川 大樹				
	加害車運転者氏名	長谷川 大樹				
	加害車運転者と相手方との関係	加害者本人である長谷川大樹への申立て				
	被害者の氏名・年齢・職業	氏名	吉田陽菜　25 歳	氏名	歳	
		職業	会社員	職業		
	被害者と申立人との関係	関係	申立人は被害者の父親	関係		
	被害の程度	（該当する数字を○印で囲んでください。） 1 死亡　2 負傷　3 物損				
	後遺症	（該当する数字を○印で囲んでください。） 1 有　2 無　3 不明				
損害額	治療費	100,000 円	修理費		円	
	休業損害	円			円	
	慰謝料	20,000,000 円			円	
	逸失利益	40,000,000 円			円	
	合計	金 60,100,000 円（内金 円支払ずみ）				
添付書類		交通事故証明書 1 通　診断書写し 1 通 商業登記簿謄（抄）本又は登記事項証明書 通				

書式5 示談書

<table>
<tr><td colspan="3" align="center">示　談　書</td></tr>
<tr><td>事故発生日時</td><td colspan="2">平成○ 年　○ 月　○ 日　午前 (午後)　○ 時　○　分頃</td></tr>
<tr><td>事故発生場所</td><td colspan="2">東京 (都) 道 府 県　○○区○○町○丁目○番先路上</td></tr>
<tr><td rowspan="2">加害者甲</td><td colspan="2">住所　東京都○○区○○町○丁目○番○号</td></tr>
<tr><td>氏名　○○○○</td><td>自動車登録番号 ○○○○○○○○○○</td></tr>
<tr><td rowspan="2">被害者妻乙</td><td colspan="2">住所　東京都○○区○○町○丁目○番○号</td></tr>
<tr><td colspan="2">氏名　○○○○</td></tr>
<tr><td colspan="3">事故原因・状況
丙（乙の夫）は横断歩道を横断中、信号を無視して進入してきた甲運転の車両と接触し、全身を強打して死亡した。</td></tr>
<tr><td colspan="3">示 談 内 容
1．甲は乙に対し、上記の交通事故による損害の賠償として、金○○○○万円の支払義務のあることを認める。
2．上記損害賠償金の内訳は
（1）乙に対する慰謝料　金○○○○万円也
（2）丙の死亡に関連して支出した葬祭費用　金○○○○万円也
3．甲は乙に対し、上記損害賠償金額を以下のとおり支払うものとする。
（1）平成○年○月に金○○○○万円を支払う。
（2）残金は平成○年○月から平成○年○月まで分割して毎月○○円を支払う。
（3）甲は上記金額を月末までに乙方に送金して支払う。たとえ1回でも期限までに支払われない時は、乙の催告を要せずして甲は期限の利益を失い、残金を一時に乙に支払わなければならないものとする。遅滞後は年15%の遅延損害金を支払うものとする。
4．乙は甲の自賠責保険、その他保険金に関しての請求、受領に協力するものとする。</td></tr>
<tr><td colspan="3">上記の通り示談が成立しましたので、今後本件に関しては、相互に債権債務がないことを確認し、一切の異議、請求の申立てをしないことを誓約致します。
平成○ 年　○ 月　○ 日
加害者甲　住所　東京都○○区○○町○丁目○番○号
氏名　○○○○　㊞
被害者妻乙　住所　東京都○○区○○町○丁目○番○号
氏名　○○○○　㊞</td></tr>
</table>

5 物損事故の被害に遭った被害者からの賠償請求

自賠責保険では物損事故についての賠償はない

自賠責の適用がない

物損事故については、自賠責保険は適用されません。加害者が任意で車両保険などの対物賠償保険（物損事故の場合に保険金が支払われる自動車保険のこと）に加入している場合には、その保険が適用されます。車両について損害として認められるのは、以下のとおりです。

①　全損の場合

車対車の事故で、相手側に事故の原因があり、自分の側にまったく落ち度がない場合は、こちらが被った損害額のすべてを相手に請求することができます。しかし、そのようなケースはまれです。たいてい、双方に落ち度があり、過失相殺（被害者側にも落ち度がある場合に、過失の程度に応じて賠償額を調整すること）の問題になります。

車が修理不能な場合や修理が著しく困難な場合には、被害車両の事故当時の時価が損害として認められます。

②　修理が可能な場合

被害車両が修理可能な場合には適正な修理費が損害として認められます。損害として認められる修理費の上限は、被害車両の時価です。

被害車両の時価とは、事故当時のその車の取引価格のことです。

事故車を修理した場合、車の評価額が下がるため、下取価額は大幅に下がります。これが評価損（格落ち損）です。評価損とは修理しても完全に原状回復できずに残る中古車市場における車両価格の減少分と考えておきましょう。評価損も損害として認められます。事故前の車の評価額から修理後の評価額を差し引いた額が、評価損となりますが、判例では修理費の１割～３割程度を評価損として認めています。

人身傷害と物損が両方ある場合

人身事故が起きた場合、被害者本人のケガの他に被害者の持ち物が壊れたり、なくなったりすることがあります。自動車同士の事故であれば、事故を起こした自動車も損傷を受けているはずです。

また、被害者の車の荷物が散乱してしまい、積んでいた商品や製品が売り物にならないといったケースもあるでしょう。このような場合、被った損害を物質的な損害として、加害者に請求することができます。

ただ、損害を被った事実関係を証明する必要がありますので、警察などによる事故処理が終わっても、示談が成立するまではその破損物を保管しておかなければなりません。加害者に請求できる損害額は、その物の購入時の価格、使用期間、使用状態などを考えあわせた上で、事故直前の時価を客観的に算定します。示談が成立した場合、損害額などを記載した示談書（書式６）を作成します。請求は、人身の損害賠償と同時に、加害者や保険会社に対してすることになります。保険会社の担当者が、人身傷害と物損とで異なる場合もありますので、注意してください。また、調停を申し立てる場合、事故の内容や損害額といった事項を申立書（書式７）に記入することになります。

物損事故と保険

人身事故と違って、物損事故の場合は自賠責保険の適用がありませんが、相手方が対物保険に加入していればそれが適用されます。相手が対物保険に加入していない場合でも、加害者本人に対して直接損害賠償を請求することはできます。被害者が車両保険に加入していれば、そこから支払いを受けて、支払った保険会社がその分を相手方に請求するということになります。予想以上に車両の修理費がかかったため、交渉の場でもめるケースもあります。このようなことがないように、あらかじめどこに修理を依頼するか、見積もり額はいくらかなどを両当事者で十分に検討し、話し合っておくべきです。

書式6 示談書

<table>
<tr><td colspan="3" align="center">示　談　書</td></tr>
<tr><td>事故発生日時</td><td colspan="2">平成○年　○月　○日　午前／(午後)　○時　○分頃</td></tr>
<tr><td>事故発生場所</td><td colspan="2">東京(都)道府県　○○区○○町○丁目○番交差点</td></tr>
<tr><td rowspan="2">当事者甲</td><td>住所</td><td>東京都○○区○○町○丁目○番○号</td></tr>
<tr><td>氏名</td><td>○○○○　　自動車登録番号 ○○○○○○○○○○</td></tr>
<tr><td rowspan="2">当事者乙</td><td>住所</td><td>東京都○○区○○町○丁目○番○号</td></tr>
<tr><td>氏名</td><td>○○○○　　自動車登録番号 ○○○○○○○○○○</td></tr>
<tr><td colspan="3">事故原因・状況
甲が青信号に従って直進し上記交差点に差し掛かったところ、対向車線から右折してきた乙運転の車両と衝突し、双方の車両につき破損を生じた。</td></tr>
<tr><td colspan="3">示談内容
1．甲所有の自動車の修繕費見積もり金額は金○○○○円であり、乙所有の修繕費見積もり金額は金○○○○円である。
　なお、見積もり金額につき、事故の過失割合から判断して、甲に2割の負担、乙に8割の負担があるものとする。
2．1に示した負担割合に従って過失相殺を行い、乙は甲に対して平成○年○月○日に金○○○○円を支払うものとする。
3．乙は、上記金額を平成○年○月○日までに、甲方に持参または送金して支払う。なお、期限に遅れた場合には、年15％の遅延損害金を支払うものとする。</td></tr>
<tr><td colspan="3">　上記の通り示談が成立しましたので、今後本件に関しては、相互に債権債務がないことを確認し、一切の異議、請求の申立てをしないことを誓約致します。
平成○年　○月　○日
当事者甲　住所　東京都○○区○○町○丁目○番○号
　　　　　氏名　○○○○　㊞
当事者乙　住所　東京都○○区○○町○丁目○番○号
　　　　　氏名　○○○○　㊞</td></tr>
</table>

書式7　追突事故にあった場合（調停申立書）

調停事項の価額	260,000円	印紙欄 （割印はしないでください）	裁判所用
ちょう用印紙	1,500円		交通・民事一般
予納郵便切手	2,500円		受付印

（交通）

調　停　申　立　書

東　京　簡易裁判所　御中

作成年月日	平成　◯　年　◯　月　◯　日		
申立人	住所・氏名（氏名の横に押印してください。）（〒 000－0000） 東京都◯◯区◯◯町◯丁目◯番◯号　◯◯　◯◯　㊞ （TEL　00－0000－0000）（FAX　－　－　）		
	送達場所等の届出	申立人に対する書類の送達は，次の場所に宛てて行ってください。 ☑ 上記住所等 □ 勤務先　名称 （〒　－　）（TEL　－　－　） 住所 □ その他の場所（申立人との関係　） （〒　－　）（TEL　－　－　） 住所	
		□ 申立人に対する書類の送達は，次の人に宛てて行ってください。 氏　名	
申立人	住所・氏名（氏名の横に押印してください。）（〒　－　） ㊞ （TEL　－　－　）（FAX　－　－　）		
	送達場所等の届出	申立人に対する書類の送達は，次の場所に宛てて行ってください。 □ 上記住所等 □ 勤務先　名称 （〒　－　）（TEL　－　－　） 住所 □ その他の場所（申立人との関係　） （〒　－　）（TEL　－　－　） 住所	
		□ 申立人に対する書類の送達は，次の人に宛てて行ってください。 氏　名	
相手方	住所・氏名（所在地・会社名・代表者名）（〒 000－0000） 東京都◯◯区◯◯町◯丁目◯番◯号 ◯◯　◯◯ （TEL　00－0000－0000）（FAX　－　－　）		
相手方	住所・氏名（所在地・会社名・代表者名）（〒　－　） （TEL　－　－　）（FAX　－　－　）		
申立ての趣旨	（該当する数字を◯印で囲んでください。） 相手方　は，申立人　に対して， ① 金　260,000　円を支払うこと 2　相当額の金銭を支払うこと との調停を求める。		

裁判所用

紛争の要点

交通事故の内容	発生年月日	平成○年○月○日（午前・午後）○時○分
	発生場所	**東京** 都道府県 ○○ 市郡 区町村 丁目 番地先道路 （道路名 ）
	加害車の種類	（該当する数字を○印で囲んでください。） ① 自動車　2 原動機付自転車　3 その他
	加害車運転者氏名	氏名 ○○ ○○
	加害車運転者と相手方との関係	関係 **本人**
	被害者の氏名・年齢・職業	氏名 ○○ ○○ ○○歳　職業 **会社員**　／　氏名 歳　職業
	被害者と申立人との関係	関係 **本人**　／　関係
	被害の程度	（該当する数字を○印で囲んでください。） 1 死亡　2 負傷　③ 物損
	後遺症	（該当する数字を○印で囲んでください。） 1 有　2 無　③ 不明

損害額	治療費	円	修理費	**200,000** 円
	休業損害	円	代車料	**60,000** 円
	慰謝料	円		円
		円		円
	合計	金 **260,000** 円（内金 **0** 円支払済み）		

添付書類	交通事故証明書 1通　診断書写し 通 **代車料金領収書 1通　修理代金領収書 1通** 商業登記簿謄(抄)本又は登記事項証明書 1通

6 メーカーの製造物責任を追及する

訴訟までしなくても民間の紛争処理機関を通じて解決できる

ＰＬ法とは

日常生活で、使っている製品に欠陥があって、消費者や利用者などが、生命・身体・財産に損害を被った場合に製造業者が負う責任を、**製造物責任**（Product Liability＝PL）といいます。

本来なら、民法の不法行為に基づく責任追及では、被害者側（ユーザー）が、加害者側（メーカー）の故意・過失、さらには損害との間の因果関係を立証しなければなりません。しかし、この立証はなかなか簡単ではなく、被害者側の負担が重すぎるなどの問題点があります。そこで、製品の欠陥を証明しさえすれば、企業側の過失を立証できなくても損害賠償を請求できるようにすべきだという声が高まり、1995年に製造物責任法（ＰＬ法）が定められました。ＰＬ法による製品クレームについては、裁判所が関与しない形で、種々の紛争処理機関を通じて解決される場合がよくあります。その理由としては、企業側に、訴訟で徹底的に争うことによる企業イメージの低下を避けたいという思惑があることが挙げられます。また、被害者にも、迅速な救済が得られ、かつ訴訟にかかる経費を節約できるというメリットがあります。

欠陥についての立証は難しい

メーカーに対して製造物の欠陥についての請求をする場合の根拠は、不法行為による損害賠償を求める民法709条ではなく、製造物責任法３条です。この点が多くの損害賠償請求とは違います。

当事者間での話合いがまとまる余地がある場合には申立書（書式８）を作成し、民事調停を利用します。

一方、訴訟になったような場合に重要なポイントとなるのは、製造物責任を問うために必要な要件である欠陥についてです。原告側は欠陥のあったことを主張・立証し、被告側である企業は、免責事由を挙げて防戦します。欠陥とは、その製造物の特性や、通常予想される使用の形態などの事情に照らして、その物が通常備えるべき安全性を備えていないことをいいます。

原告（被害者側）は、治療費・修理費などの損害や、ケガによって休業したことで得られなかった収入分や慰謝料などの賠償を請求することができます。調停や裁判などの場において、原告の主張をある程度認めてもらうためには、欠陥の内容についてどれだけしっかり説明できるかが大きなポイントになります。そのためには製造物の構造や性質、製造過程、製品の広告内容などをある程度調査して資料を収集することが大切になります。

なお、製造者側の免責事由の主張が認められた場合には、製造物に欠陥があっても、製造者は、製造物責任を負わないことになります。

民間のＰＬセンターはどんなことをするのか

製品の安全についてのトラブルを解決するＡＤＲにＰＬセンターがあります。民間のＰＬセンターでは、消費者と企業による直接交渉で合意に至らなかったトラブルについて、弁護士や学識経験者らによって構成される審査委員会が、あっせん・調停・仲裁を行っています。

ＰＬセンターの業務内容は、大きく分けて、相談業務と審査業務に分けられます。相談業務は、もっぱら事務局員が対応します。審査の申立ては、通常5250円～１万500円程度の手数料がかかります。手続きの仕方などをホームページ上で案内している機関もありますので（たとえば各業界の相談機関の連絡先が載っているものとして、家電製品ＰＬセンター http://www.aeha.or.jp/plmenu.htm）、詳細については、それぞれの機関に問い合わせてみるとよいでしょう。

書式8 プリンタから発火し、パソコンが壊れた場合（調停申立書）

非定型

<table>
<tr><td>調停事項の価額</td><td>300,000円</td><td rowspan="3">印紙欄
（割印はしないでください）</td><td rowspan="3">民事一般
受付印</td></tr>
<tr><td>ちょう用印紙</td><td>1,500円</td></tr>
<tr><td>予納郵便切手</td><td>2,500円</td></tr>
<tr><td colspan="3">（損害賠償）
調　停　申　立　書
東　京　簡易裁判所　御中</td><td rowspan="2"></td></tr>
<tr><td>作成年月日</td><td colspan="2">平成 ○ 年 ○ 月 ○ 日</td></tr>
<tr><td rowspan="3">申立人</td><td colspan="3">住所・氏名（氏名の横に押印してください。）（〒 000－0000）
東京都○○区○○町○丁目○番○号
○○出版株式会社　代表者代表取締役　○○　○○　㊞
（TEL　00－0000－0000）（FAX　－　－　）</td></tr>
<tr><td rowspan="2">送達場所等の届出</td><td colspan="2">申立人に対する書類の送達は，次の場所に宛てて行ってください。
☑ 上記住所等
□ 勤務先　名称
（〒　－　）（TEL　－　－　）
住所
□ その他の場所（申立人との関係　）
（〒　－　）（TEL　－　－　）
住所</td></tr>
<tr><td colspan="2">□ 申立人に対する書類の送達は，次の人に宛てて行ってください。
氏　名</td></tr>
<tr><td rowspan="3">申立人</td><td colspan="3">住所・氏名（氏名の横に押印してください。）（〒　－　）
㊞
（TEL　－　－　）（FAX　－　－　）</td></tr>
<tr><td rowspan="2">送達場所等の届出</td><td colspan="2">申立人に対する書類の送達は，次の場所に宛てて行ってください。
□ 上記住所等
□ 勤務先　名称
（〒　－　）（TEL　－　－　）
住所
□ その他の場所（申立人との関係　）
（〒　－　）（TEL　－　－　）
住所</td></tr>
<tr><td colspan="2">□ 申立人に対する書類の送達は，次の人に宛てて行ってください。
氏　名</td></tr>
<tr><td>相手方</td><td colspan="3">住所・氏名（所在地・会社名・代表者名）（〒 000－0000）
東京都○○区○○町○丁目○番○号
○○機器株式会社　代表者代表取締役　○○　○○
（TEL　00－0000－0000）（FAX　－　－　）</td></tr>
<tr><td>相手方</td><td colspan="3">住所・氏名（所在地・会社名・代表者名）（〒　－　）
（TEL　－　－　）（FAX　－　－　）</td></tr>
<tr><td>申立ての趣旨</td><td colspan="3">（該当する数字を○印で囲んでください。）
相手方　は，申立人　に対して，
(1) 金　300,000　円を支払うこと
2　相当額の金銭を支払うこと
との調停を求める。</td></tr>
</table>

非定型

紛争の要点

1　事故の内容

（1）発生年月日　平成○年○月○日午後3時頃

（2）発生場所　東京都○○区○○町○丁目○番○号（申立人の事務所内）

（3）事故の態様等
・申立人は、平成○年○月○日、相手方が製造したプリンタ（型式ＣＪ―４０）を販売店（○○○秋葉原店）において購入した。
・ところが、購入してまだ日が浅い平成○年○月○日午後3時頃、使用中にプリンタから突然発火し、接続してあったパソコン2台が類焼して使用不能になってしまった。
・申立人は、通常の使用方法により取り扱っていたものであり、特段従来と異なった環境や接続配線の下で使用したものではない。
・よって、製造物の欠陥により惹起された事故であるので、申立人は相手方に対し、製造物責任として損害賠償請求するものである。

2　損害額

修理費　金300,000円（パソコン2台の買い換え）
合計　金300,000円（内金　0　円支払済み）

3　その他参考事項（相手方が損害賠償金を支払ってくれない事情等）

相手方は、「これまで、当社が製造販売している本件と同型のプリンタについて発火の報告事例はなく、今回の事故を受けて改めて当社で行った実験でも、特に欠陥の事実は確認できなかった。取扱説明書に詳細な使用方法が記載されており、使用者側の不注意による接続配線もしくは使用方法の誤りがあったものと推定される。いずれにしても、今回の事故の原因については未だつまびらかではないので、当社製品に欠陥があると認められない限り損害賠償には応じられない。」と言い立て、支払いに応じない。

添付書類	プリンタの領収書・取扱説明書・保証書　各1通 買い換え等領収書　1通 事故直後の現場写真　2通 商業登記簿謄（抄）本又は登記事項証明書　2通

7 犬に咬まれた治療費と慰謝料を請求する

飼主に管理義務があるが被害者側の過失が問われることもある

過失相殺の規定によって減額されることもある

民法718条１項は、「動物の占有者」は動物が他人に加えた損害について賠償責任を負うと定めています。他人にケガを負わせても犬は損害を与えた人に対し賠償責任を負いませんから、結局、犬の飼主が「動物の占有者」として責任を負わされるのが原則です。

ただ、民法718条１項但書は「相当の注意をもってその管理をしたときは、この限りではない」としていますので、犬の飼主が他人に危害を加えないように、それなりの注意をしていた場合には、例外的に責任の追及はできない場合もあります。

飼主（加害者側）は、犬が路上に飛び出して人にかみつくことがないように、鎖の長さを調整するなどして、犬の行動の自由を制限しておくべき管理義務があります。

しかし、かまれた方（被害者側）にも不注意がある場合には、民法722条２項の過失相殺の規定によって賠償額が減額されることになります。つながれている犬をからかっていて、犬に飛びかかられケガをしてしまったという場合には、被害者側にも過失があるとして損害賠償額は大幅に減額されることもあるのです。飼主の不注意とともに、被害者側の不注意が考慮されるケースもけっこうあるということを知って話合いにのぞむとよいでしょう。

当事者間の話合いがまとまらない場合でも、双方に譲歩の余地があるようなケースでは、民事調停を利用しましょう。申立書（書式９）には、事故の態様や求める損害額などを記載します。

書式9　子どもが公園で犬に咬まれた場合（調停申立書）

非定型

調停事項の価額	230,000円
ちょう用印紙	1,500円
予納郵便切手	2,500円

印紙欄
（割印はしないでください）

民事一般
受付印

（損害賠償）

調　停　申　立　書

東　京　簡易裁判所　御中

作成年月日	平成　○　年　○月　○　日
申立人	住所・氏名（氏名の横に押印してください。）（〒 000－0000） 東京都○○区○○町○丁目○番○号　○○　○○ ㊞ 同所　法定代理人親権者　父　○○　○○ 同所　法定代理人親権者　母　○○　○○ （TEL　00－0000－0000）（FAX　－　－　）
送達場所等の届出	申立人に対する書類の送達は，次の場所に宛てて行ってください。 ☑ 上記住所等 □ 勤務先　名称 （〒　－　）（TEL　－　－　） 住所 □ その他の場所（申立人との関係　） （〒　－　）（TEL　－　－　） 住所 □ 申立人に対する書類の送達は，次の人に宛てて行ってください。 氏　名
申立人	住所・氏名（氏名の横に押印してください。）（〒　－　） ㊞ （TEL　－　－　）（FAX　－　－　）
送達場所等の届出	申立人に対する書類の送達は，次の場所に宛てて行ってください。 □ 上記住所等 □ 勤務先　名称 （〒　－　）（TEL　－　－　） 住所 □ その他の場所（申立人との関係　） （〒　－　）（TEL　－　－　） 住所 □ 申立人に対する書類の送達は，次の人に宛てて行ってください。 氏　名
相手方	住所・氏名（所在地・会社名・代表者名）（〒 000－0000） 東京都○○区○○町○丁目○番○号　○○　○○ （TEL　00－0000－0000）（FAX　－　－　）
相手方	住所・氏名（所在地・会社名・代表者名）（〒　－　） （TEL　－　－　）（FAX　－　－　）
申立ての趣旨	（該当する数字を○印で囲んでください。） 相手方　は，申立人　に対して， ①　金　230,000　円を支払うこと 2　相当額の金銭を支払うこと との調停を求める。

非定型

紛争の要点

1　事故の内容

（1）発生年月日　　平成○年○月○日（日曜日）午前10時頃

（2）発生場所　　東京都○○区○○町○丁目○番地の三角公園

（3）事故の態様等
・申立人が上記公園で遊んでいたところ、相手方の飼育している大型のシェパード犬が突然申立人に襲いかかり、申立人は左腕と左肩に負傷した。
・申立人は、上記公園にて事故を目撃した近所の人の助けもあり犬から引き離され、かけつけた救急車により病院に運ばれた。病院では傷口の消毒、縫合及び伝染病対策の措置を受け、その後平成○年○月○日まで通院の上、治療を続けた。
・申立人は、6歳という年齢でもあり、今回の事故によって植え付けられた恐怖心により一人で外出することができなくなってしまい、身体の傷のみならず幼心に受けた精神的な傷も極めて大きい。

2　損害額

（1）治　療　費　　金 30,000円

（2）慰　謝　料　　金200,000円

合　　計　　金230,000円（内金　　　0　円支払済み）

3　その他参考事項（相手方が損害賠償金を支払ってくれない事情等）

相手方は、「自分は、毎日曜日、自己の飼い犬であるシェパード犬を連れて三角公園付近を散歩しているが、犬は人にも馴れていて今回の事故が起こるまでは全く問題がなく、また鎖にも繋いでいて飼い主としての注意を怠ってはいない。今回の事故は、遊びに夢中になっていた申立人が投げたボールが自分の飼い犬に当たり、犬としては突然の攻撃に対して防衛行動をとったに過ぎない。当然、自分は繋いだ鎖を引き締めて最大限制止に努めたものであり、申立人が負傷したことは気の毒とは思うものの一切の責任が自分にあるとの主張には承伏できない」と言い立て、支払いに応じない。

添付書類	
	診断書　1　通
	領収書　1　通
	事故後の写真　1　通
	治療後の写真　1　通

8 体罰を加えた教師に対して責任を追及する

どんな理由であっても教師が生徒に体罰を加えることは認められない

体罰の責任

学校教育法でも、教師が児童・生徒に懲戒を加えることは認めています（11条）。しかし、顔がはれるほど強く平手で殴ったり、廊下に２時間も正座させる行為は、懲戒の範囲を大きく逸脱した「体罰」にあたります。体罰は学校教育法11条で理由のいかんを問わず禁止されていますので、教師および使用者である私立中学の経営者に対し、損害賠償請求をすることができます。損害賠償の内容としては、娘さんが体罰を受けたことにより負傷したのであれば通院費や治療にかかる費用、精神的な苦痛を受けたのであれば慰謝料などが考えられます。調停を申し立てる場合には、申立書（書式10）に被害の内容や請求する金額などを記載することになります。

公立の学校での体罰についてはどう対応するか

公立高校の体育教師は、地方公務員です。体罰が、授業の中で行われたもので、体育教師が懲戒の一環と考えていたような場合、職務上の不法行為という位置づけになります。

国家賠償法１条には「国又は公共団体の公権力の行使に当たる公務員がその職務を行うについて、故意又は過失によって違法に損害を加えたときは、国又は公共団体がこれを賠償する責に任ずる」と定められています。つまり、今回の損害を賠償するのは、基本的に体育教師個人ではなく、学校の設置者である地方公共団体ということになります。この場合、体育教師は懲戒免職や減給などという形で行政処分が科せられ、それによって責任をとることになるでしょう。

書式10 子どもが教師から体罰を受けた場合（調停申立書）

調停：不法行為（傷害）
（□については，レ印を付したもの）

調停事項の価額 73,500 円
ちょう用印紙額 500 円
予納郵便切手の額 2,500 円

受 付 印

（不法行為（傷害））

調　停　申　立　書

東京簡易裁判所　御中

平成 25 年 1 月 25 日

申立人の住所・氏名・電話番号等

郵便番号 〒 ○○○ － ○○○○

住　所 ○○県○○市○○町○丁目○番○号

氏　名 伊藤翔太 同所法定代理人親権者（父 伊藤太郎 母 伊藤花子）印

送達場所 ☑上記住所地　□次のとおり

電　話 ○○ － ○○○○ － ○○○○

ファクシミリ ○○ － ○○○○ － ○○○○

相手方の住所・氏名

郵便番号 〒 ○○○ － ○○○○

住　所 東京都○○区○○町○丁目○番○号

氏　名 学校法人 ○○学園　理事長　山本　誠

調停：不法行為（傷害）
（□については，レ印を付したもの）

申　立　の　趣　旨
相手方　は，申立人　に対し，金　7 万　3500 円
☑及び ☑上記金員 / □上記金員の内金　万　円 に対する
平成 24 年 12 月 24 日から支払済みまで年 5 パーセントの
割合による金員
を支払うよう調停を求める。

紛　争　の　要　点
1　申立人　は，以下の傷害事件により負傷し，かつ損害を受けた。
(1) 事件発生日時　平成 24 年 12 月 24 日午前 11 時 30 分ころ
(2) 発生場所　学校法人○○学園　体育館内
(3) 加害者の氏名　中村　大輔
(4) 事件の態様等
申立人である伊藤翔太が、サッカー部での活動を行っていた際、練習態度が悪いという理由で、顧問である中村大輔にいきなり顔面を殴られ顔面を負傷したものである。

調停：不法行為（傷害）
（□については，レ印を付したもの）

（傷害の症名，部位，程度等）

顔面打撲

2　損害

(1) 財産的損害　合計金　73,500 円

（内訳）

・治療費　金　70,000 円

・通院交通費　金　3,500 円

・　金　円

(2) 精神的損害（慰謝料）　金　円

3　相手方　の支払状況

☑ 全く支払がない。

□ 平成　年　月　日までに合計金　円支払済み

4　相手方　は，申立人　に対し，以下の事由により前記損害を賠償する責任がある。

調停：不法行為（傷害）
（□については，レ印を付したもの）

上記１の (4)「事件の態様等」に記載のとおり、申立人が中村大輔に殴られ、その結果、負傷して２の損害を被った。そのため、中村大輔は申立人に対して不法行為責任を負う。また、相手方は中村大輔を雇用しており、申立人は中村大輔が指導する部活動の中で殴られているので、中村大輔は事業の執行について申立人に損害を与えているといえる。

よって、相手方は民法 715 条にもとづき、損害賠償責任を負う。

5　そこで，申立人　　は，相手方　　に対し，申立ての趣旨記載の金員の支払を求める。

添付書類

☑ 診断書　　☑ 領収証（医療費）
☑ 通院交通費明細表　　□ 領収証
☑ 履歴事項全部証明書
□

9 いじめによる被害に対する賠償請求

まずは話合いの道を探ることからはじめる

専門家は何をしてくれる

いじめの被害にあった場合、弁護士などの法律の専門家に相談するのもよいでしょう。

弁護士などの専門家は被害者の意向をふまえ、事実関係の確認をします。また、代理人として学校や加害者など相手方との関係修復をする、損害賠償などについて直接交渉をする、必要に応じて調停や訴訟を申し立て、裁判所に出席・出廷をする、人権救済の申立てをするなどの方法で対応してくれる心強い存在です。

調停で解決するには

当事者同士の話合いや、弁護士を代理人に立てての交渉で問題の解決に至らなかった場合、裁判所に調停を申し立て、公的な場で第三者をまじえて話し合うというのも一つの方法です。当事者同士の話合いではどうしても感情が先に立って話が先に進まなかったり、弁護士を立てることで相手が態度を硬化させ、会おうともしなくなるということもありますが、そこに裁判所という公的機関を介入させることにより、双方が冷静に話合いができるようになる可能性があります。

調停には民事調停と家事調停がありますが、いじめなどの問題の場合、原則として相手方の住所地を管轄する簡易裁判所に民事調停を申し立てることになります。申立書は各簡易裁判所に備えつけられており、これに申立手数料（収入印紙で納付）など必要書類を添えて提出することになります。

申立書（書式11）に記載する申立ての内容としては、ケガや精神的苦痛に対する損害賠償請求の他、いじめ行為中止の要求、謝罪の要求などが考えられます。

申立書が受理されると、裁判所から相手方に呼出状が送付されます。

調停は裁判所で行われますが、訴訟のように裁判所から「このようにしなさい」という命令が出るものではなく、あくまで申立人と相手方との話合いの場です。ここに裁判官の他、一般市民の中から選任された調停委員で構成される調停委員会が加わり、双方が言い分を述べます。いじめなどの場合、被害者に恐怖心があって相手方とどうしても顔を合わせたくないということもありますが、申立人と相手方が交代で調停委員に言い分を述べる形にすることもできますし、当事者本人の他、当事者の委任を受けた弁護士や知人・親族などが調停の場に出席することも可能です。

調停委員会は提出された証拠品や必要に応じて調査した事実関係の情報、聴取した双方の言い分の内容を検討し、意見や現実的な解決方法の提示をします。当事者双方がその内容に納得できれば調停成立となり、合意内容を記載した調停調書が作成されます。この調停調書には訴訟で出される確定判決と同じ効力があり、その内容が実行されない場合には強制執行を申し立てることも可能です。

一方、申立ての相手方が調停の場に出席することを拒否したり、当事者のいずれか一方でも調停の内容に納得がいかないことがあるという場合には、調停不成立となります。

■ いじめをとりまく人間関係

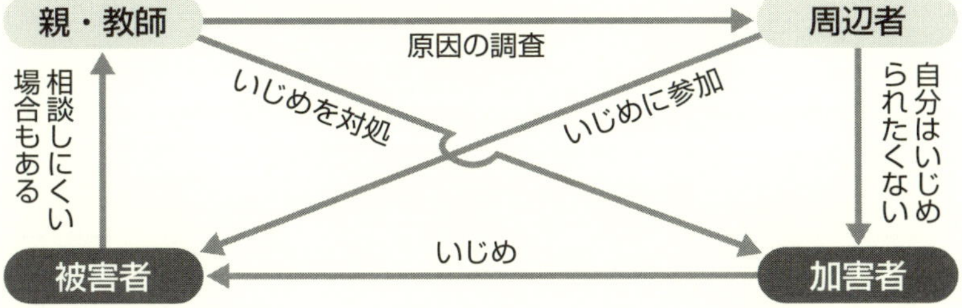

書式11　子どもがいじめによる被害を受けた場合（調停申立書）

調停
（□については，レ印を付したもの）

調停事項の価額	600,000	円
ちょう用印紙額	3,000	円
予納郵便切手の額	2,500	円

受　付　印

調　停　申　立　書

東京簡易裁判所　御中

平成　25　年　1　月　25　日

申立人の住所・氏名・電話番号等

郵便番号　〒　○○○－○○○○

住　所　東京都○○区○○町○丁目○番○号

氏　名　高木翔太 同所法定代理人親権者（父 高木康太　母 高木良子）　印

送達場所　☑ 上記住所地　□ 次のとおり

電　話　　－　　－

ファクシミリ　　－　　－

相手方の住所・氏名

郵便番号　〒　○○○－○○○○

住　所　東京都○○区○○町○丁目○番○号

氏　名　学校法人○○学園　理事長　山本誠

□ 別紙のとおり当事者複数あり

申　立　の　趣　旨
相手方は、申立人に対し、金60万円を支払えとの調停を求める。

紛　争　の　要　点
1　申立人は、平成11年7月10日生まれであり、相手方である学校法人○○学園に通学している中学1年生である。 2　申立人の話によると、申立人は、平成24年9月頃から、同じクラスの生徒複数人から、殴る、蹴る、持ち物を隠される、金銭を恐喝される、といったいじめによる被害を受けている。 3　申立人は、平成24年10月頃に、被害の実態を担任教師である○○○○に訴えたが、○○○○は「とりあえず様子を見よう」と言っただけで、具体的な対応はなされなかった。 　被害が収まらないため、申立人は平成24年11月頃に、再度担任教師に事態を報告し、その際には「注意しておく」との返答を得たが、具体的な行動の有無は明らかではなく、いじめ行為は引き続き行われていた。 　平成24年11月後半からは、当初のいじめ行為の加害者だけでなく、クラスメイトほぼ全員から仲間外れにされる、根拠もなく「臭い」と言われて敬遠されるなど、大半のクラスメイトがいじめ行為に加担し、被害の程度はエスカレートしていた。 4　平成24年12月頃から、申立人が「学校に行きたくない」と言うようになり、学校にも通学したがらず、申立人代理人である両親が問いただしたところ、いじめ行為の実態が明らかになった。 5　申立人は平成24年12月半ばから、申立日現在に至るまで、いじめの被

害により、学校生活に耐えられない状況にあり、通学することができていない。

申立人が被害を申告した担任教師である○○○○は、申立人の再三の訴えにもかかわらず、被害防止に向けた積極的な行動を行わず、○○○○はじめ、相手方に勤務する教員ならびに校長が、いじめ行為を放置せずに迅速かつ適切に対応していれば、このような事態は生じていなかった。

いじめ行為を看過した相手方は、生徒が安心して学校に通えるように生徒の安全に配慮する義務に違反しているといえる。

6　申立人の治療のため、申立人代理人が支払った治療費は別紙記載の通り、10万円である。

また、申立人が、いじめ行為防止のために適切な措置がとられなかったことによって被った精神的な損害は50万円を下ることはない。

7　よって申立人は、相手方に対して、合計金60万円の支払いを求める。

添付書類

☑ 診断書
☑ 領収書（医療費）
☑ 履歴事項全部証明書
□

10 医療過誤による被害に対する賠償請求

謝罪と再発防止がキーワード

医療過誤とは

医療トラブルとは、医療関係者が巻き込まれるトラブル一般を広く意味しています。かなり広い概念なので、これには「医療事故」も「医療過誤」も含まれます。

そして、医療事故とは、医療に関わる場所で、医療の全過程において発生するすべての人身事故を意味します。医療従事者の過失の有無を問いません。これには、「医療過誤」が含まれるという関係にあります。さらに、医療過誤とは、医療従事者が、医療の遂行において、医療的準則に違反して患者に被害を発生させた行為をいいます。医療従事者側に、過失が認められる場合です。

医療過誤では、民事責任、刑事責任、行政責任といった法的責任が生じます。訴訟で責任を争うケースもありますが、民事責任については、患者と医療機関側で示談によって決着することもあります。

患者側が示談するときの要点

患者側としては、できるだけ感情を抑えて交渉に臨むことが大切です。医療側に対して感情的になってしまう気持ちはわかりますが、示談は互譲の精神で紛争を解決するための契約なのですから、冷静な対応が必要となります。おもなポイントとしては、以下のものが挙げられます。

① 専門家に関与してもらう

患者側は多くの場合、法律については素人です。それに対して、医療側、特に大きな医療機関であれば、顧問弁護士などを抱えている可能性があります。そのため、事前に専門的な法律の知識がないままで示談交渉に臨むと、知らない間に不利な示談が成立してしまうおそれがあります。そこで、弁護士に依頼するとまでいかないにしても、事前に法律相談をしておく程度のことは必要です。

また、患者側は、医療についても専門知識を持ち合わせていません。指摘している医療過誤などが、医学的に見てどのように評価されるのかを、知っておくことが必要な場合もあるでしょう。その場合には、他の医師に診察してもらい、診断書を作成しておくのもよいでしょう。

② 後遺障害に配慮する

時々問題になるのが示談の際には生じていなかった後遺障害が、示談成立後に現れてきた場合です。示談が成立したものの、しばらくしてから後遺障害が発生し、その分の責任について紛争になるケースはよくあります。裁判例の大勢としては、後遺障害については示談の対象になっていなかったとして、後からの責任追及を認める傾向にあります。それでも、示談の際には、後遺障害が出た場合は後に検討する含みをもたせておくべきでしょう。

③ 示談書を作成する

示談書は必ず作成し、双方が同じものを１通ずつ保管するようにします。また、記名・押印するのは、病院側を法的に代表する権限をもつ者であることを確認しておきましょう。

なお、医療機関側の各施設によって、異なった内部的手続きが定められていることがあります。そのようなケースでは、内部手続に沿っ

■ 医療機関側の責任が認められるための３つの要件

て示談書作成のための交渉が行われることになります。

④　**補償の対象になるかを確認する**

医療側に示談金を払う意思があっても、保険会社が補償の対象外であると判断していると、後で支払いが滞ることがあります。難しい医療事故であると思った場合には、その点を医療側に確認しておきましょう。

⑤　**医師の謝罪についての記載**

今、患者・遺族の願いとして、謝罪と再発防止がキーワードとなっています。事故が起こった際、事実関係をきちんと説明し、謝罪を行えば、紛争にまで発展することはあまりありません。事故を一つの教訓とし、今後、そのような事故を起こさないことが 誓約されることは、被害に遭った患者のせめてもの救いといえます。実際、謝罪に関する文言が示談書に記載されるケースも見られます。

示談書の書き方

示談書（書式12）には、最低限、以下の事項を記載します。

①　**紛争の特定**

時間・場所・内容で特定します。

②　**示談金の支払**

金額・支払方法・期限です。名称は、「解決金」など、双方にとって受け入れやすいものにします。

③　**責任追及の放棄や後遺障害についての記載**

相互に債権債務がなく、民事・刑事の責任追及を放棄する旨を記載します。

以上の他に、非公表または守秘義務について記載するのもよいでしょう。また、後遺障害について、「本示談書の成立後、甲において、本件に起因し、本示談書成立までに予測し得なかった症状が出現した場合には、乙は誠意を持って対応する」という形で明確にしておくこともあります。

書式12 示談書

示　談　書

平成　○○年　○月　○日

○○県○○市○○町１丁目１番１号
甲　○○　○○　　　　　㊞
□県 × 市△町１丁目５番５号
乙　○○病院
院長　○○　○○　　　　　㊞

甲と乙とは下記医療事故につき，次のとおり示談した。

記

医療事故の表示
- 発生日時　平成○○年○月○日　午後○時○分頃
- 発生場所　□県 × 市△町１丁目５番５号
○○病院
- 発生状況　○○病院に勤務する ×× 医師の手術に不適切な箇所があったために，数日間就労不能となる損害が生じた。

第１条　乙は，上記医療事故に対する責任を素直に認め，甲及びその家族に対して謝罪する。乙は，甲に対し，上記医療事故の発生を防げなかったことを強く反省し，今後同様の事故を再び起こさないよう最善を尽くすことを誓約する。

第２条　乙は，甲に対し，本件損害賠償金として金○○円の支払義務があることを認め，上記金員を平成○年○月○日までに，甲の指定する下記の銀行口座に振り込んで支払う。
1. 銀行（支店）名
2. 口座の種類
3. 口座番号
4. 口座名義

第３条　甲は，本件に関し，その余の請求を放棄する。

第４条　甲と乙とは，甲・乙間には，本件に関し，本示談条項に定めるものの他，何らの債権債務がないことを相互に確認する。

以上の示談が成立した証として，本示談書を２通作成し，各自記名捺印の上，各自１通ずつ保管する。

以上

11 近隣トラブルをどう解決する

トラブルの種類によって解決方法も変わってくる

相隣関係とは何か

社会生活上、人間関係にトラブルはつきものです。どうしても関わりたくない場合には、関係を絶ってしまうのも１つの方法です。

しかし、隣近所との関係については、トラブルが生じたからといって、そう簡単に引っ越してしまうわけにもいきません。土地に関係した境界や通行をめぐる紛争に至っては、世代を超えて引き継がれていくことさえあります。

被害者が我慢している期間が長ければ長いほど、感情が高ぶって、冷静な話合いが難しくなるといえるでしょう。被害が長期化すると、それが当初は大したものでなくても、かなりの損害を発生させることになります。

相隣関係と生活妨害などがある

近隣のトラブルには、大きく①相隣関係、②生活妨害、③名誉毀損・プライバシー侵害、といった種類があります。

①　相隣関係

隣合わせになっている土地・建物のお互いの関係が相隣関係です。

相隣関係については、境界線や樹木・用水路など権利関係の調整について民法の規定で一定の制限をしています。

②　生活妨害

たとえば、近くで高層マンションの建築が始まり、建物が完成すると自分の住んでいる家がマンションの影に隠れて、１日中、日があたらなくなるといった日照侵害の問題や通風の妨害、一般の住宅から出る騒音・ばい煙・悪臭などによって、特定の人が迷惑をこうむっているような場合が生活妨害です。

③　名誉毀損・プライバシー侵害

・名誉毀損

「名誉」とは、一人ひとりの人間に対する目には見えない社会的評価です。そして、この社会的評価を傷つける行為（侵害）のことを「名誉毀損」といいます。

・プライバシー

家庭や個人の内情などの私生活や私事について、他人の干渉から保護することは、個人の尊厳を尊重するという憲法の思想からも必要なことです。この他人からの干渉に煩わされず、自分の情報をみだりに公開されない権利のことを「プライバシーの権利」といいます。

近隣トラブルの法的解決手段

実際に近隣トラブルが生じたときには損害賠償請求や差止請求といった手段を検討することになります。

・他人の権利を侵害した場合の損害賠償請求

民法709条では、不法行為（他人の権利を侵害し、損害を発生させる行為）に関する損害賠償請求権が規定されています。これに基づいて、過去に生じた損害の賠償を請求することができます。

・差止請求

現在そして将来にわたっての生活妨害を解消するには、それを差し止める必要があります。そのため、差止請求権が認められます。

・示談

当事者同士で話合いを行い、トラブルにならないように示談をすることもできます。たとえば、工事による騒音や振動が問題となっているような場合には工事時間や態様の変更について取り決めて、示談書（書式13）を作成することになります。

書式13 示談書（騒音・振動トラブル）

示談書

平成○年○月○日

東京都○○区○○町○丁目○番○号
甲　工事施工者　株式会社○○建設
代表取締役　㊞
東京都○○区○○町○丁目○番○号
乙　○○町住民会
代表　○○○○　㊞

1　東京都○○区○○町○丁目○番○号における工事の騒音、振動等については、甲は騒音規制法・振動規制法等で定められた規制基準に従うと共に、近隣の住民に対する生活の被害を最小限抑えるべく、十分注意して工事を行うものとする。

3　甲は、作業場をシートで完全に囲い、工事を行う。また、作業場の確認しやすい場所に騒音計及び震度計を設置するものとし、近隣住民から請求があった場合には、直ちに測定結果の報告を行う。

4　甲の作業時間は平日の８時30分～17時30分とし、工事を行わない時間帯については、工事関係者以外の者が立ち入ることができないように、工事現場を閉鎖する。

5　甲は工事を行う際には、工事により日光を遮り周辺の家屋に影が生じることを避けるよう配慮する。長時間日光を遮る形で工事を行う場合には、あらかじめ近隣住民に通知するものとする。また、作業の関係で周辺の家屋の景観や通風を悪化させる場合についても、あらかじめ近隣住民に通知するものとする。

6　甲が工事の施工にあたり、本示談書の記載事項に違反した場合には、乙は、甲に対し、違反行為によって乙に生じた損害の賠償及び工事の中止を請求することができる。

7　甲と乙は、本件の示談に関し、甲・乙間に本示談条項に定めるものの他、何らの債権債務がないことを相互に確認する。

以上の示談が成立した証として、本示談書を２通作成し、各自記名押印の上、各自１通ずつ保管する。

以上

第6章

地代・家賃・明渡し
トラブルの解決書式

1 駐車料金の支払いを請求する

遅滞している月や金額を具体的に記載すること

遅滞の場合には証拠づくりからはじめる

駐車場賃貸借契約には、建物所有を目的とするものではないため、借地借家法の適用はありません。そのため、賃借人の立場は基本的に弱いものとならざるを得ません。

ところで、賃貸借契約において賃貸人は賃貸させる義務を負い、賃借人は賃料を支払う義務があります。賃料の不払いは賃借人としての義務を果たしていない事になりますから、債務不履行になります。賃貸人が契約を解除する場合には催告をする必要があります。

電話や口頭で催促する事もできますが、文書で請求するのがよいでしょう。催告書は支払を促す目的をもつとともに、支払がなかった場合の契約解除の条件となりますので、証拠とするため内容証明郵便（66ページ）で請求することになります。

請求する際には遅滞している月や金額を具体的に記載する必要があります。契約書の条項などを具体的に持ち出すとより説得力がでてきます。

内容証明郵便を出してある程度証拠づくりができたら民事調停を申立てて、話合いで解決する方法を探ってみましょう。調停申立書（書式1）には、申立てに至った事情、請求金額などを記載します。

なお、賃借人側からすれば、不払いの理由について、「賃貸人が管理者としての義務を怠っているから」という主張をすることがあります。裁判例の中にも、賃貸人の修繕義務が賃料支払以前にあったがこれを履行しないため目的物が使用収益に適した状態に回復しない間は、賃借人は賃料支払を拒絶できるとしたものもあります。

書式１ 駐車料金の支払いをめぐるトラブル（調停申立書）

調停事項の価額	120,000円	印紙欄 （割印はしないでください）	裁判所用
ちょう用印紙	1,000円		宅　地　建　物
予納郵便切手	2,500円		受　付　印

（賃　料　等）

調　停　申　立　書

東　京　簡易裁判所　御中

作成年月日	平成　○　年　○　月　○　日
申　立　人	住所（所在地）（〒 000－0000 ） 東京都○○区○○町○丁目○番○号 氏名（会社名・代表者名） 株式会社○○不動産　代表者代表取締役　○○　○○ ㊞ TEL　03－0000－0000 FAX　－　－
送達場所等の届出	申立人に対する書類の送達は，次の場所に宛てて行ってください。 ☑ 上記住所等 □ 勤務先　名称 〒 住所 TEL　－　－ □ その他の場所（申立人との関係　　　　） 〒 住所 TEL　－　－
	□ 申立人に対する書類の送達は，次の人に宛てて行ってください。 氏　名
相　手　方	住所（所在地）（〒 000－0000 ） 東京都○○区○○町○丁目○番○号 氏名（会社名・代表者名） ○○　○○ TEL　03－0000－0000　FAX　－　－
相　手　方	住所（所在地）（〒　－　） 氏名（会社名・代表者名） TEL　－　－　FAX　－　－
申立ての趣旨	（該当する数字を○印で囲んでください。） 相手方　は，申立人に対して， 1　賃料を，平成　　年　　月分から 〔(1) 月額金　　　　円　(2) 相当額〕に増額する 2　賃料を，平成　　年　　月分から 〔(1) 月額金　　　　円　(2) 相当額〕に減額する ③ 未払賃料金　120,000　円を支払うこと との調停を求める。

裁判所用

紛争の要点

1　賃貸借契約の内容

(1) 契約当事者氏名	賃貸人	**株式会社○○不動産**	賃借人	○○　○○
(2) 賃貸（借）物件	別紙物件目録記載のとおり			
(3) 賃貸（借）日	平成 ○ 年 ○ 月 ○ 日			
(4) 期　　間	**1** 年			
(5) 賃　　料	1箇月金　**30,000**　円 （平成 ○ 年 ○ 月 ○ 日から）			
(6) 連帯保証人氏名				
(7) 特　　約	**前月○日までに翌月分を賃貸人方に持参**			

2　賃料改定の理由（該当する数字及び箇所を○印で囲んでください。）

(1)	（土地・建物）に対する税金が（上・下）がった。
(2)	（土地・建物）の価格が（上・下）がった。
(3)	近隣の（土地・建物）と比較して賃料が（低・高）額である。
(4)	その他（具体的に書いてください。）

3　未払賃料

平成 ○ 年 ○ 月分から平成 ○ 年 ○ 月分まで合計金　**120,000**　円

4　供託の有無（該当する箇所を○印で囲んでください。）

（相手方・申立人）は、平成　　年　　月分から毎月金　　　　　　円を
法務局　　　　　　　　に供託している。

5　その他

相手方は、「本件駐車場には全く防犯灯が無く、車両窃盗が頻発している。自分は申立人に対し、適切な数の防犯灯の設置を求めたが、申立人は全く取り合わない。自分の住宅近辺には本件駐車場しかなく、他の選択はない。申立人はそれをいいことに、車両窃盗が頻発しているにもかかわらず、防犯灯一つ設置しないのは駐車場管理者としての義務を怠っている。従って、適切な措置がとられるまで駐車料金を支払わない。」などと言って、支払わない。

添付書類				
	賃貸借契約書写し	1 通	不動産登記事項証明書	1 通
	評価証明書	1 通	商業登記事項証明書	1 通
	駐車場管理台帳	**1 通**	**請求書控え**	**1 通**
	内容証明郵便	**1 通**	**配達証明書**	**1 通**

裁判所用

別紙

物　件　目　録

土　地

所　在	**東京都○○区○○町○丁目**
地　番	**○番**
地　目	**雑種地（駐車場）**
地　積	**500平方メートル**

上記土地のうち　**31番**　の部分　**8**　平方メートル

建　物

所　在			
家屋番号			
種　類			
構　造	造	葺	建
床面積	階		平方メートル
	階		平方メートル
上記建物のうち	階	号室	平方メートル

2 地代・家賃の支払いを請求する

滞納賃料の総額を把握しておくこと

請求する際には「相当な期間」をおいて催告する

借地人や借家人は、契約で定められた時期に定められた場所で地代や家賃を支払わなければなりません。支払時期については、毎月末日までに翌月分を支払うという特約が多いでしょうが、当事者間で特に取決めをしていない場合には、宅地や建物の賃料は毎月末に当月分を、宅地でない土地の賃料は毎年末に当年分を支払うことになっています。

支払場所や支払方法については、地主や家主が指定した口座へ、借地人や借家人が振込送金する特約が多くなっているようですが、特に取決めのない場合には、借地人や借家人が地主・家主のもとへ行き、現金を支払う必要があります。

借地人や借家人が、契約で定められた時期に賃料や地代を支払わないと、債務不履行として契約解除の原因になります。地主や家主が賃料の滞納を理由に契約を解除する場合には、一般的には、相当の期間を定めて滞納賃料の支払いを催告し、その期間内に履行がないときには、改めて賃貸借契約の解除を通知します。

滞納賃料は、放っておくとすぐに相当な金額になってしまいますので、早目に請求しておく必要があります。請求の際の「相当な期間」としては、１～２週間程度の期間をとるのがよいでしょう。あまりに短い期間を定めると、相当な期間を定めた催告とはいえないとして、新たなトラブルの種になりかねません。滞納賃料がいつの分で総額いくらなのかを記載しておき、相手の出方を待って民事調停などさらなる解決手段を検討する事にしましょう。調停を申し立てる場合、申立書（書式２）には契約の内容や未払賃金の金額を記載し、その他、特筆すべき事項があれば、「５　その他」の欄に記入します。

書式2 地代・家賃をめぐるトラブル（調停申立書）

調停事項の価額	280,000円	印紙欄 （割印はしないでください）	裁判所用
ちょう用印紙	1,500円		宅地建物
予納郵便切手	3,700円		受付印

（賃料等）

調停申立書

東京 簡易裁判所 御中

作成年月日	平成 25 年 1 月 28 日
申立人	住所（所在地）（〒 000－0000 ） 東京都〇〇区〇〇町〇丁目〇番〇号 氏名（会社名・代表者名） 甲野 一郎 ㊞ TEL 03－0000－0000 FAX － －
送達場所等の届出	申立人に対する書類の送達は，次の場所に宛てて行ってください。 ☑ 上記住所等 ☐ 勤務先 名称 〒 住所 TEL － － ☐ その他の場所（申立人との関係 ） 〒 住所 TEL － － ☐ 申立人に対する書類の送達は，次の人に宛てて行ってください。 氏名
相手方	住所（所在地）（〒 000－0000 ） 東京都〇〇区〇〇町〇丁目〇番〇号 氏名（会社名・代表者名） 乙川 二郎 TEL 03－0000－0000 FAX － －
相手方	住所（所在地）（〒 000－0000 ） 東京都〇〇区〇〇町〇丁目〇番〇号 氏名（会社名・代表者名） 丙山 三郎（連帯保証人） TEL 03－0000－0000 FAX － －
申立ての趣旨	（該当する数字を〇印で囲んでください。） 相手方 は，申立人に対して， 1 賃料を，平成 年 月分から 〔(1) 月額金 円 (2) 相当額〕に増額する 2 賃料を，平成 年 月分から 〔(1) 月額金 円 (2) 相当額〕に減額する ③ 未払賃料金 280,000 円を支払うこと との調停を求める。

裁判所用

紛争の要点

1　賃貸借契約の内容

(1) 契約当事者氏名	賃貸人	甲野　一郎	賃借人	乙川　二郎
(2) 賃貸（借）物件	別紙物件目録記載のとおり			
(3) 賃貸（借）日	平成 24 年 4 月 1 日			
(4) 期間	1 年			
(5) 賃料	1か月金 70,000 円 （平成 19 年 4 月 1日から）			
(6) 連帯保証人氏名	丙山　三郎			
(7) 特約				

2　賃料改定の理由（該当する数字及び箇所を○印で囲んでください。）

(1)	（土地・建物）に対する税金が（上・下）がった。
(2)	（土地・建物）の価格が（上・下）がった。
(3)	近隣の（土地・建物）と比較して賃料が（低・高）額である。
(4)	その他（具体的に書いてください。）

3　未払賃料

平成 24 年　8 月分から平成 24 年 11 月分まで合計金 280,000 円

4　供託の有無（該当する箇所を○印で囲んでください。）

（相手方　・申立人）は，平成　年　月分から毎月金　円を
法務局　に供託している。

5　その他

添付書類	賃貸借契約書写し 1 通　不動産登記簿謄(抄)本又は登記事項証明書　通 評価証明書　通　商業登記簿謄(抄)本又は登記事項証明書　通

3 家賃の増額を請求する

訴訟の前に調停を利用することになる

物価上昇分についての値上げ

賃料は、本来は賃貸人と賃借人の合意によって決まるものですから、後から賃料の是非を争うのは一般的には、あまりよいこととはいえません。しかし、経済の状況は絶えず変化します。土地建物の税金、近隣の不動産価格や賃料の相場など諸々の事情が変わり、一度は決めた賃料が不相当になることは否定できないでしょう。そこで、賃貸人または賃借人のいずれからも、賃料の増減を請求することが認められています（借地借家法32条１項）。賃料の金額の変更が認められるのは、以下のような正当な理由がある場合に限られます。

・税金など、土地や建物にかかる経費の増加があった場合
・経済事情の変動によって物件の価値が大きく変化した場合
・近隣の同種の賃料と大きな差がある場合

話合いがまとまらないときは

増額される金額について話合いをしてもまとまらない場合には、第三者を交えた話合いや調停を試みることになります。その場合、貸主としての主張を述べるとともに、借主の言い分を聞き、妥協点を探るようにしましょう。調停での解決案の提示に納得できない場合、最終的には裁判で決着をつけることになります。

賃料の増減について当事者間の協議が整わないときには、裁判所が賃料を確定することになります（借地借家法32条２項〜３項）。

裁判所に訴えを提起する前に、原則として、土地または建物の所在地を管轄する簡易裁判所に調停を申し立てる必要があります。調停を申し立てずに訴えを提起しても、先に調停が行われます（民事調停法

24条の２）。調停とは、調停委員会が当事者双方の言い分を聞き、あるいは互譲を促すことで、条理（社会の常識や道理のこと）にかない実情に即した解決をめざす手続きです。調停を申し立てる場合、申立書（書式３）には、賃料改定の理由や未払賃料の金額などを記載します。

民事調停委員はこの種の事件を多数扱い、相場にも詳しいので、協議がまとまらないときには利用するのがよいでしょう。なお、家賃を改定する調停を申し立てる場合、増額後（減額後）の賃料額とこれまでの賃料額の１か月あたりの差額に、増額（減額）された時点から調停申立て時までの期間に12か月を合わせた期間を乗じた額が、調停事項の価額になります（本書のケースでは、申立時までの期間が４か月で差額が１万円であるため16万円）。賃料増減についての話合いがまとまらなければ、賃料確定のための裁判を行うことになります。

値上げの申入れの仕方

家賃の金額をめぐって貸主・借主間の話合いがまとまらない場合には、前述したように、調停を利用することになりますが、後でトラブルにならないように申入れの段階から気をつけることが大切です。

実際に賃料の値上げを行おうという場合には、貸主は借主にその旨を伝えなければなりません。これを「値上げの申入れ」といいます。値上げの申入れの際には、よく内容証明郵便（66ページ）が利用されています。内容証明郵便とは、郵便局がその内容を証明してくれる文書のことです。なお、内容証明郵便の送付は、値上げを行いたい月から少なくとも数か月前には行う必要があります。

内容証明郵便には地価や固定資産税の値上がりといった賃料の変更に正当とされる理由をできるだけ具体的に書き加えておき、借主に納得してもらえるような内容にする必要があります。なお、値上げの申入れを行うことができるのは、将来の賃料に対してのみです。内容証明郵便送付以前の月の賃料については、変更することはできません。

書式3 家賃の増額を請求する場合（調停申立書）

<table>
<tr><td>調停事項の価額</td><td>160,000 円</td><td rowspan="3">印紙欄
（割印はしないでください）</td><td>裁判所用</td></tr>
<tr><td>ちょう用印紙</td><td>1,000 円</td><td rowspan="2">宅　地　建　物</td></tr>
<tr><td>予納郵便切手</td><td>2,500 円</td></tr>
<tr><td colspan="3">（賃 料 等）
調　停　申　立　書
簡易裁判所　御中</td><td>受　付　印</td></tr>
<tr><td>作成年月日</td><td colspan="2">平成　25 年　2　月　25 日</td><td></td></tr>
<tr><td>申 立 人</td><td colspan="3">住所（所在地）（〒○○○－○○○○）
東京都○○区○○町○丁目○番○号
氏名（会社名・代表者名）
甲野一郎　　㊞
TEL　03　－○○○○－○○○○　FAX　03　－××××－××××

送達場所等の届出
申立人に対する書類の送達は，次の場所に宛てて行ってください。
☑ 上記住所等
□ 勤務先　名称
〒
住所
TEL　－　－
□ その他の場所（申立人との関係　　）
〒
住所
TEL　－　－
□ 申立人に対する書類の送達は，次の人に宛てて行ってください。
氏　名</td></tr>
<tr><td>相 手 方</td><td colspan="3">住所（所在地）（〒○○○－○○○○）
東京都○○区○○町○丁目○番○号
氏名（会社名・代表者名）
甲野花子
TEL　03　－○○○○－○○○○　FAX　03　－××××－××××</td></tr>
<tr><td>相 手 方</td><td colspan="3">住所（所在地）（〒　　－　　）
氏名（会社名・代表者名）
TEL　－　－　　FAX　－　－</td></tr>
<tr><td>申立ての趣旨</td><td colspan="3">（該当する数字を○印で囲んでください。）
相手方　は，申立人に対して，
1　賃料を，平成　24 年　10 月分から
〔(1) 月額金　150,000 円　(2) 相当額〕に増額する
2　賃料を，平成　　年　　月分から
〔(1) 月額金　　円　(2) 相当額〕に減額する
3　未払賃料金　　円を支払うこと
との調停を求める。</td></tr>
</table>

紛争の要点

1　賃貸借契約の内容

(1)	契約当事者氏名	賃貸人	甲野一郎	賃借人	甲野花子
(2)	賃貸（借）物件	別紙物件目録記載のとおり			
(3)	賃貸（借）日	平成 22 年 10 月 1 日			
(4)	期　　間	2 年 （平成24年10月 1 日更新）			
(5)	賃　　料	1 か月金　150,000 円 （平成 24 年 10 月 1 日から）			
(6)	連帯保証人氏名	甲野大輔			
(7)	特　　約				

2　賃料改定の理由（該当する数字及び箇所を○印で囲んでください。）

(1)	（土地・建物）に対する税金が（上・下）がった。
(2)	（土地・建物）の価格が（上・下）がった。
(3)	近隣の（土地・建物）と比較して賃料が（低・高）額である。
(4)	その他（具体的に書いてください。） 近隣の建物と比べて賃料が低額だったことから、平成24年10月分の契約更新時から家賃を14万円から15万円に 1 万円引き上げている。

3　未払賃料

平成 24 年 10 月分から平成 25 年 1 月分まで合計金 600,000 円

4　供託の有無（該当する箇所を○印で囲んでください。）

（相手方・申立人）は，平成 24 年 10 月分から毎月金 140,000円を

東京 法務局　に供託している。

5　その他

添付書類	賃貸借契約書写し 1 通　不動産登記簿謄（抄）本又は登記事項証明書 1 通 評価証明書 1 通　商業登記簿謄（抄）本又は登記事項証明書 1 通

別　紙

物　件　目　録

土　　地
所　　在
地　　番
地　　目
地　　積
上記土地のうち　　　　の部分　　　　平方メートル

建　　物
所　　在
家屋番号　　　○○番　○
種　　類　居宅
構　　造　　　木造ストレート葺　2建
床面積　　　1階　45.28 平方メートル
　　　　　　2階　44.79 平方メートル

上記建物のうち　　2階 202号室　23.00 平方メートル

4 更新料を請求する

近時注目すべき裁判例が出された

更新料とは

住居の賃貸借契約書をよく見てみると、多くの場合「契約期間は２年間とする」といった条項が記載されています。このような契約条項のある賃貸住宅に長期間入居しようと思うと、２年ごとに契約更新をする必要があるわけですが、その手続きをする際に更新料という名目の費用を請求されることがあります。

更新料に関することを規定した法律は特になく、どのような目的で支払われるかということは明確になっていませんが、地方によっては慣習化されているものです。

更新料をめぐる裁判所の判断

かつては、更新料の支払をめぐって借主と貸主（家主）の間で争いが生じても、更新料の支払を妥当とする内容の裁判所の判断が出されることが多くありました。契約書に「更新時には更新料を支払う」と記載されているケースがほとんどであり、借主も更新料の支払いについて合意していると判断されたためです。

ところが、平成21年７月、更新料を支払った後、数か月後に退去した事例で、消費者契約法に反することを理由として家主に更新料の返還を命じる初めての裁判例が出されました（京都地裁平成21年７月23日）。

その後、更新料をめぐる地裁や高裁の判断は分かれていたのですが、平成23年７月に、更新料は、賃料の補充や前払い、契約を継続するための対価など複合的な性質があり、その支払いに合理性がないとは言えないことを理由として、賃料や契約更新期間に照らして高額すぎるなど特段の事情がない限り、更新料は無効とはならないという最高裁判所の判断がなされました。

訴訟では、１年ごとに２か月分の更新料を取る契約条項が不当に高額ではないかが問題となりましたが、この契約条項も有効と判断されています。結果としては貸主側に有利な判断がなされたことになり、今後も、契約時に更新料の支払を求めても、原則として問題がないということになります。ただ、一連の裁判所の判断により更新料の問題が注目を集めるようになったのは事実です。また、不当に高額な更新料は無効と判断されることになるので、要求する更新料の金額には注意しなければならないでしょう。平成23年の判例を基準に考えれば、賃料の２か月分程度であれば、不当に高額ではないので、更新料の請求が認められることになります。

更新料の金額をめぐるトラブルについても互いに譲歩の余地がある場合には民事調停で解決することができます。申立書（書式４）の「紛争の要点」の欄に更新料請求についての事情を記載し、請求する事情によっては、別途書類や資料を提出することになります。

■ 更新料の性質

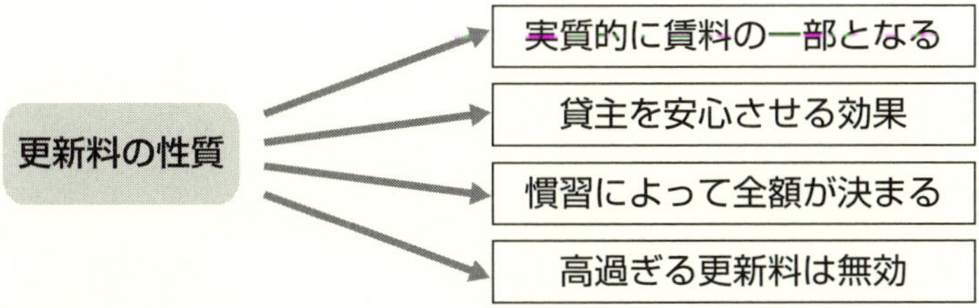
更新料の性質
実質的に賃料の一部となる
貸主を安心させる効果
慣習によって全額が決まる
高過ぎる更新料は無効

Point

- 更新料の有無・金額・支払時期については後でトラブルにならないように、貸主・借主間でコミュニケーションをとっておくとよい。
- 賃貸借契約更新の際に借主が更新料を支払わなければ、それは貸主が契約の更新を拒否する理由の一つになる。

書式4 更新料をめぐるトラブル（調停申立書）

調停
（□については，レ印を付したもの）

調停事項の価額	300,000	円
ちょう用印紙額	1,500	円
予納郵便切手の額	2,500	円

受 付 印

調　停　申　立　書

東京簡易裁判所　御中

平成 25 年 2 月 12 日

申立人の住所・氏名・電話番号等

郵便番号 〒 ○○○－○○○○

住　所 東京都○○区○○町○丁目○番○号

氏　名 甲野一郎　印

送達場所 ☑ 上記住所地　□ 次のとおり

電　話 03－○○○○－○○○○

ファクシミリ 03－××××－××××

相手方の住所・氏名

郵便番号 〒 ○○○－○○○○

住　所 東京都○○区○○町○丁目○番○号

氏　名 甲野花子

□ 別紙のとおり当事者複数あり

申　立　の　趣　旨
相手方は、申立人に対し、金30万円を支払え との調停を求める。

紛　争　の　要　点
1　申立人は、相手方に対し、別紙物件目録記載の建物（以下、「本件建物」という）を以下の約束で賃貸した。 ⑴　賃借日：平23年2月1日 ⑵　期間：2年間。ただし、更新することができる。更新の際には、賃料2か月分の更新料を支払う ⑶　賃料：1か月15万円。毎月末日限り翌月分を支払う。 2　契約期間満了日が近づいてきたため、平成24年10月10日に更新の意思を確認したところ、更新を希望する旨の回答を得た。 3　そのため、平成25年1月末日を支払期日と定め、契約書に基づき更新料の支払いを請求した。 4　しかし、相手方は期日を過ぎても更新料を支払おうとしない。 5　よって、申立人は、相手方に対して、申立ての趣旨記載の調停を求める。 （別紙物件目録の記載については省略）
添付書類 ☑ 不動産賃貸借契約書 ☑ 登記事項証明書（建物） ☐ ☐

5 敷金返還を請求する

畳や壁紙の張替え費用は大家の負担となる

敷金を差し引かれる場合には根拠を明確にしてもらう事

敷金（敷金の性格を有する保証金も同様）は、賃貸借契約上の賃借人の債務を担保するものですから、賃貸借契約終了時には、賃貸人はこれを賃借人に返還しなければなりません。ただし、担保の性格を有している関係上、賃借人が債務を完済してはじめて返還を請求できるものですから、たとえば、賃貸借が終了した際に、賃借人が敷金の返還と引換えに建物を明け渡すと主張しても、それは認められません。

賃貸借終了時には、賃借人は賃借物を原状に復した上で返還すべき義務があります。この原状回復の範囲と敷金の返還が問題となります。特約がある場合を別にして、通常の賃借物の損耗については、原状回復の対象には含まれず、それを超えて建物に損傷を与えた場合に、賃借人にはその修復義務があるというべきです。たとえば、壁や畳が磨り減った部分を元に戻したり、多少の汚れを元通りにするようなことは物理的にも不可能です。賃貸人が畳替えや壁紙の張替え費用などを原状回復費用として敷金の中から差し引くという場合が少なくありませんが、そのような費用を賃借人に負担させることは許されないことです。

家主があれこれ理由をつけて敷金をなかなか返さないのであれば、敷金からどのことについてどれだけ引く予定であるかという見積もりを送ってもらうのもよいでしょう。納得できないのであれば速やかに異議を唱えるべきです。当事者双方に話合いで解決する意向がある場合、民事調停を活用する方法があります。調停申立書（書式５）には申立てに至った事情などを記載することになります。

書式5　敷金をめぐるトラブル（調停申立書）

裁判所用

調停事項の価額	200,000円
ちょう用印紙	1,000円
予納郵便切手	2,500円

印紙欄
（割印はしないでください）

宅地建物
受付印

（賃料等）

調　停　申　立　書

東　京　簡易裁判所　御中

作成年月日	平成　○　年　○　月　○　日
申立人	住所（所在地）（〒 000－0000 ） **東京都○○区○○町○丁目○番○号** 氏名（会社名・代表者名） ○○　○○　㊞ TEL　03－0000－0000　FAX　－　－
送達場所等の届出	申立人に対する書類の送達は，次の場所に宛てて行ってください。 ☑ 上記住所等 ☐ 勤務先　名称 〒 住所 TEL　－　－ ☐ その他の場所（申立人との関係　　） 〒 住所 TEL　－　－ ☐ 申立人に対する書類の送達は，次の人に宛てて行ってください。 氏　名
相手方	住所（所在地）（〒 000－0000 ） **東京都○○区○○町○丁目○番○号** 氏名（会社名・代表者名） ○○　○○ TEL　03－0000－0000　FAX　－　－
相手方	住所（所在地）（〒　－　） 氏名（会社名・代表者名） TEL　－　－　FAX　－　－
申立ての趣旨	（該当する数字を○印で囲んでください。） 相手方　は，申立人に対して， 1　賃料を，平成　年　月分から 〔(1) 月額金　円　(2) 相当額〕に増額する 2　賃料を，平成　年　月分から 〔(1) 月額金　円　(2) 相当額〕に減額する 3　未払賃料金　円を支払うこと ④　**預入敷金　200,000 円を返還すること** との調停を求める。

裁判所用

紛争の要点

1　賃貸借契約の内容

(1) 契約当事者氏名	賃貸人	○○　○○	賃借人	○○　○○
(2) 賃貸（借）物件	別紙物件目録記載のとおり			
(3) 賃貸（借）日	平成 ○ 年 ○ 月 ○ 日			
(4) 期　　　間	**2** 年			
(5) 賃　　　料	1箇月金　**100,000**　円 （平成 ○ 年 ○ 月 ○ 日から）			
(6) 連帯保証人氏名				
(7) 特　　　約	**敷金は賃料2か月相当分とし、契約終了により明け渡した後、返還する。ただし、本件建物を原状に回復するための費用を控除することができる。**			

2　賃料改定の理由（該当する数字及び箇所を○印で囲んでください。）

(1)	（土地・建物）に対する税金が（上・下）がった。
(2)	（土地・建物）の価格が（上・下）がった。
(3)	近隣の（土地・建物）と比較して賃料が（低・高）額である。
(4)	その他（具体的に書いてください。）

3　未払賃料

平成　　年　　月分から平成　　年　　月分まで合計金　　　　　　　　円

4　供託の有無（該当する箇所を○印で囲んでください。）

（相手方・申立人）は、平成　　年　　月分から毎月金　　　　　　　　円を
法務局　　　　　　　　　に供託している。

5　その他

申立人は契約どおり平成○年○月○日に本件建物を明け渡したが、相手方は、通常の使用範囲を超えた汚損、毀損等があり、原状回復費用に敷金全額を充当したとして、敷金を返還しない。

添付書類				
	賃貸借契約書写し	**1** 通	不動産登記事項証明書	**1** 通
	評価証明書	**1** 通	商業登記事項証明書	通
	敷金預り証	**1 通**	**入退去時の写真**	**1 通**
	鍵受領書	**1 通**		

6 不動産の明渡しトラブルを解決するには

占有をめぐる紛争解決は難しい

明渡手続きの注意点

占有をめぐる争いは不動産に関する代表的なトラブルといえます。占有の問題は、権原のある者による占有の場合と権原のない者による占有の場合に分けられます。

まず、元々は適法に賃借されていたのですが、賃料不払を理由とする契約解除や期間満了によって契約が終了し、賃貸が明渡し請求する権原のある者による占有の場合、明渡し請求の前提となる解除や更新拒絶の有効性が問題になります。当事者間の信頼関係が損なわれたといえる場合には解除は有効なものとして認められます。他方、期間満了による更新拒絶については、正当事由がない限り更新拒絶は認められないとされています。

一方、単なる不法占拠者に対して明渡しを求める、権原のない者による占有の場合、所有者は、自分に占有権原があることを証明すれば、適法に明渡しを請求できます。

法的手段を利用する場合、まずは建物明渡調停の利用を検討します。調停申立書（書式6）には、明渡しを求める理由などを記載します。不動産の固定資産税評価額の２分の１の額（本例の場合は500万円）に対応する申立手数料（本例の場合１万5000円）がかかります。

権利者の土地・建物の明渡請求が認められたとしても、実力で相手を排除して建物を取り返すことはできず、明渡しの手続きが必要です。具体的には、裁判所に申し立て、強制執行の手続きを申請します。また、相手には賃借物を原状に戻して返還する義務（原状回復義務）があり、それがなされない場合には、賃貸人の側で原状回復を行い、かかった費用を損害賠償として賃借人に請求することになります。

書式6 不動産の明渡しをめぐるトラブル（建物明渡調停申立書）

裁判所用	

調停事項の価額	5,000,000 円
ちょう用印紙	15,000 円
予納郵便切手	2,500 円

印紙欄
（割印はしないでください）

宅 地 建 物
受 付 印

（建物明渡し－賃料不払等による契約解除の場合）

調 停 申 立 書

東 京　簡易裁判所　御中

作成年月日	平成 ○ 年 ○ 月 ○ 日
申 立 人	住所（所在地）（〒 000 － 0000 ） 東京都○○区××町○丁目○番○号 氏名（会社名・代表者名） ○○○○ ㊞ TEL 00 － 0000 － 0000 FAX － －
送達場所等の届出	申立人に対する書類の送達は，次の場所に宛てて行ってください。 ☑ 上記住所等 □ 勤務先 名称 印 〒 住所 TEL － － □ その他の場所（申立人との関係 ） 〒 住所 TEL － － □ 申立人に対する書類の送達は，次の人に宛てて行ってください。 氏 名
相 手 方	住所（所在地）（〒 000 － 0000 ） 東京都○○区△△町×丁目×番×号 氏名（会社名・代表者名） ○○○○ TEL 00 － 0000 － 0000 FAX － －
申立ての趣旨	相手方は，申立人に対して，（該当する番号に○を付けてください。） ① 別紙物件目録記載の建物 ~~(部屋)~~ を明け渡すこと ② 平成 ○ 年 ○ 月 ○ 日から前記明渡しまで 1か月金 80,000 円の割合による金員を支払うこと
紛争の要点	後記記載のとおり

上記のとおり調停を求めます。

裁判所用

紛争の要点（下記のとおり）

1　賃貸借契約の内容

(1)　賃貸日　　平成○○年 ○ 月 ○ 日

(2)　期　間　　5 年

(3)　賃　料　　平成○○年 ○ 月から1か月金　80,000　円
毎月 末 日限り 翌 月分を支払う。

(4)　特　約　　賃料を3か月以上滞納した場合、催告の上、契約を解除する。

2　建物の所有者の氏名　申立人

3　明渡しを求める理由

(1)　契約解除の日　　平成○○年 ○ 月 ○ 日

(2)　契約解除の理由

㋑　賃料不払（平成○○年 ○ 月 ○ 日分から ○ か月分）

ロ　無断譲渡・転貸

ハ　無断増改築

ニ　その他

内容証明郵便によって被告に延滞賃料の支払を催告したが、被告は一向に支払うことなく、何ら誠意ある返答がない。

4　その他の紛争の要点

添付書類	
固定資産課税台帳登録証明書	1 通
建物登記簿謄本（登記事項証明書）	1 通
建物賃貸借契約書写し	1 通
内容証明郵便写し	1 通

裁判所用

（別紙）

<table>
<tr><td>

物　件　目　録

</td></tr>
<tr><td>

所　　在　東京都○○区△△町×丁目×番×号
家屋番号　△△町×丁目○番地○
種　　類　居宅
構　　造　鉄筋コンクリート造　陸屋根　5階建
床 面 積　1～2階　100平方メートル
　　　　　3～5階　80平方メートル

前記建物のうち　1階　101号室
　床面積　40平方メートル

</td></tr>
<tr><td>

〔略　図〕

（建物の一部又は部屋の明渡しを請求する場合は、その明渡しを請求する部分がわかるように簡単な図面を記入する。）

</td></tr>
</table>

7 借地非訟手続きを利用する

話合いをしてそれでもだめなら裁判所に決定してもらう

どんなトラブルに利用されるのか

借地非訟手続きとは、民事上の紛争について、訴訟手続きによらないゆるやかな手続きで処理できるよう設けられたものです。

通常の民事訴訟のように、当事者が対立する構造をとるのではなく、国家（裁判所）が間に入り紛争解決をサポートするものです。審理は公開されず、裁判所の判断も、判決ではなく決定という形がとられます。ただ、この手続きは、借地に関する紛争のすべてに利用できるわけではありません。借地契約の解除や、賃料の増減をめぐる紛争などには適用できません。利用できる紛争は以下の通りです。

① 建物の種類・構造に関する借地条件の変更の申立て
② 増・改築許可の申立て
③ 賃借権譲渡・土地転貸許可の申立て
④ 競売または公売に伴う土地賃借権譲渡の許可の申立て
⑤ 賃貸人自らの建物譲受の申立て
⑥ 更新後の建物の再築許可の申立て

借地非訟の申立ては、借地権の目的である土地の所在地を管轄する地方裁判所に申立書を提出します。ただし、当事者の合意がある場合は、その土地の所在地を管轄する簡易裁判所でも行うことができます。

手続きはどのように進行するのか

借地権の目的となっている土地所在地にある地方裁判所に申し立てます。申立書（書式７）の様式などについての詳細は各裁判所に問い合わせて確認することになりますが、東京地裁の場合、書式の項目に沿って、申立ての趣旨、理由などを記載することになります。申立てが受理されると、地代の推移や契約期間などについての意見を上申書にまとめて提出します。一方、相手方は、答弁書を作成し、その中で申立ての却下を求めることになります。手続きがさらに進行すれば、借地人と地主はそれぞれ訴訟と同様に証拠や参考資料を提出しなければなりません。裁判所は、当事者の主張を整理・検討しつつ、さらに鑑定委員会の意見を聴いた上で、最終的な紛争解決のための基準を作っていきます。鑑定委員の意見書を参考にしながら、場合によっては和解を促したり、民事調停に移すなどの処置をとります。

しかし、これらの手続きをとることがムリな場合は、最終的な判断を示します。たとえば、借地条件の変更を借主が求めているような場合であれば、それを認めるのかどうか、認める場合、どのような条件を課すのかなどを定めるわけです。裁判所の決定に不服がある場合には抗告することでさらに争うことができます。なお、借地非訟手続きを申し立てる際の手数料については、54ページの表を参考にしてください。

■ 借地非訟の手続き

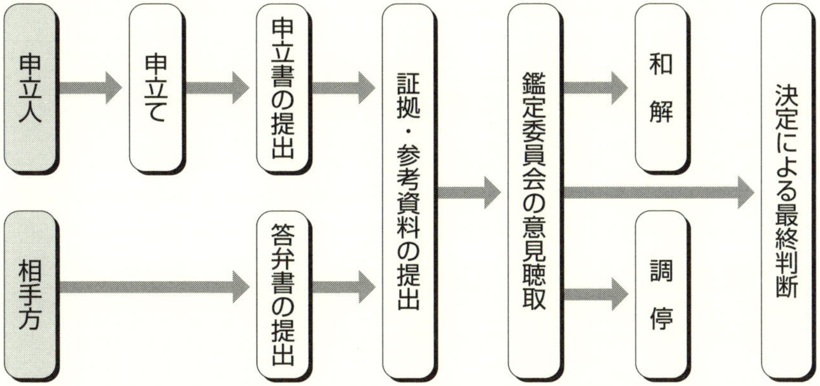

書式７　借地非訟申立書

印　紙

建物の構造等に関する

借地条件変更申立書

（借地借家法第１７条第１項）

東京地方裁判所　　　　　支部　　　　御中

平成○○年　○月　○日

申　立　人

☑　本　　　　人

□　代　表　者　　　　　　○○○○　　　印

□　代理人弁護士

借地権の目的の土地の価格（本件借地部分の固定資産評価額の２分の１）

金　　　　　○○○○　円

貼用印紙　　○○○○　円

予納郵券　　○○○○　円（相手方１名につき,4,950円）

添付書類

□　申立書副本　　　　　　　　　　　　　　通

□　委任状(弁護士が代理人となるとき)　　　通

□　資格証明書(法人が当事者となるとき)　　通

□　土地固定資産評価証明書　　　　　　　　通

□　建物固定資産評価証明書　　　　　　　　通

□　現場の住宅地図　　　　　　　　　　　　通

□　戸籍謄本等(登記上の土地または建物所有者に相続が発生したとき)

一式

第１　当事者

別紙当事者目録記載のとおり

第２　申立の趣旨

☑　「当事者間の別紙土地目録記載の土地についての借地契約を堅固な建物の所有を目的とするものに変更する。」

□　「当事者間の別紙土地目録記載の土地についての借地契約を次のとおり変更する。」

１　建物の種類

□　居宅　□　店舗　□　共同住宅　□　事務所　□　工場

□　倉庫　□　その他（　　　　　　）

２　建物の構造

□　鉄骨造　□　鉄筋コンクリート造　□　鉄筋鉄骨コンクリート造

□　軽量鉄骨造　□　その他（　　　　）

３　建物の規模

□　床面積（　　　）平方メートル

□　階数　（　　　）階

□　高さ　（　　　）メートル

□　その他（　　　　　　）

４　建物の用途

□　賃貸用　□　事業用　□　その他（　　　　　　　　）

との裁判を求める。

第３　借地契約の内容等

１　契約当事者

(1)　現在の当事者

ア　賃貸人又は土地所有者　○○○○

イ　賃借人又は地上権者　○○○○

(2)　契約当初の当事者（現在の当事者と異なる場合）

ア　賃貸人又は土地所有者

イ　賃借人又は地上権者

２　最初に契約を締結した日　平成○○年　○月　○日

3　借地権の目的となる土地
　別紙土地目録記載のとおり（土地全部事項証明書 は甲第◯号証）

4　契約の種類
　☑　賃貸借契約
　　☑　普通借地権
　　□　一般定期借地権（借地借家法第22条）
　　□　事業用定期借地権（借地借家法第23条）
　　□　建物譲渡特約付借地権（借地借家法第24条）
　□　地上権設定契約

5　存続期間
(1)　約定
　□　なし
　☑　あり　昭和・平成（circled）○○年　○月　○日まで又は契約締結後　　年間
(2)　契約更新
　☑　なし
　□　あり　　最後に更新した日　　昭和・平成　　年　　月　　日
(3)　残存期間　　平成○○年 ○ 月 ○ 日まで（あと ○ 年 ○ か月）

6　建物の構造等に関する現在の借地条件（変更を求める部分）
　☑　木造その他堅固でない建物の所有目的
　□　借地上の建物に関するその他の制限
　(1)　建物の種類

　(2)　建物の構造

　(3)　建物の規模（床面積，階数，高さ等）

　(4)　建物の用途

7　現存する建物

⑴　別紙建物目録記載のとおり（登記簿謄本は，甲 ◯ 号証）

⑵　使用状況

☑　自己使用

☐　賃貸

☐　その他（　　　　　）

8　地代

⑴　現在の地代

昭和・平成○○年　○ 月　○ 日以降１か月金　　120,000　　円

（1坪あたり金　　　　　円）　2,400

1坪＝3.30578平方メートル

⑵　地代の推移

契約締結以来変更なし

⑶　相手方からの増額請求

☑　なし

☐　あり　請求の日　昭和・平成　　年　　月　　日

内　　容　昭和・平成　　年　　月　　日以降

１か月金　　　　　　　　円

（1坪あたり金　　　　　円）

1坪＝3.30578平方メートル

9　敷金・更新料その他の金銭の支払状況

平成○○年○月○日、敷金として360,000円を交付。

10　契約書

☑　あり（甲 ◯ 号証）

☐　なし

第４　申立の理由（借地条件の変更を相当とする理由）

１　法令による土地利用の規制の変化

(1)　防火・準防火地域の指定（建築基準法第61条，第62条）

指定の日　　昭和・平成〇〇年　〇月　〇日

種　　類　　☑　防火地域　　□　準防火地域

(2)　各種用途地域の指定・変更（建築基準法第48条）

指定・変更の日　　昭和・平成〇〇年　〇月　〇日

種　　類　　第１種住居地域

２　付近の土地利用状況の変更

(1)　最初に契約を締結した当時の利用状況

住居は木造平家建が多く、農地も散在している。

(2)　現在の利用状況

老朽化した住居の堅固建物への建替えが進み、農地跡に集合住宅の建築が行われている。

３　土地の利用目的の変更を必要とする事情の変更

長男が結婚したため、２世帯住宅が必要となった。

４　借地条件変更後の建物建築計画

(1)　建築計画

☑　あり

□　なし

(2)　予定建物の具体的内容　別紙予定建物目録記載のとおり

第５　当事者間の協議の概要

１　申立人の申入れの内容

申立人より相手方に対し、建替えを予定している建物の図面を用意し、平成〇〇年〇月より、交渉を申し入れていた。

２　相手方の対応

交渉には応じてくれるが、条件について折り合いがつかない。

第６　付随処分に関する意見・希望

１　相手方に支払う財産上の給付

(1)　金　　額　　　　　500,000　　　　円

(2)　算定根拠

近傍類似の土地の条件変更にあたって、交付される更新料の平均値である。

２　地代

☑　現状のままがよい。

☐　１か月金　　　　　　　円（1坪当たり金　　　　　円）の増額は認める。　1坪＝3.30578平方メートル

３　借地権の存続期間の定め

☐　特に変更しなくてよい。

☑　平成○○年　○月　○日まで延長

☐　許可の裁判確定の日から　　年間に延長

４　その他

交渉の進展によっては、長男○○○○名義で契約を更改することを希望する。

当 事 者 目 録

〒000－0000　東京都○○区××町○丁目○番○号

申　立　人　　○○○○

代表者（会社の場合）

〒　－

弁　護　士

送達場所　☑　申立人の肩書住所　TEL　00－0000－0000
FAX　00－0000－0000
□　代理人の肩書住所　TEL　－　－
FAX　－　－

〒000－0000　東京都○○区△△町○丁目○番○号

相　手　方　　○○○○

土 地 目 録

所　在　　東京都○○区××町○丁目
地　番　　○番
地　目　　宅　地
地　積　　565.00m²
上記土地のうち
☑　全部　契約面積　565.00m²
　　　　実測面積　565.00m²
□　一部　契約面積
　　　　実測面積

※　土地の住居表示（郵便物の届く住所）
東京都　○○ 区　××町　○丁目　○番　○号

建　物　目　録

所　　在	東京都○○区××町○丁目○番地
家屋番号	○番○
種　　類	居　宅
構　　造	木造瓦葺平家建
床 面 積	95.00m^2

（現況が異なる場合はその内容）

予 定 建 物 目 録

新たに築造する建物の概要

種　　類	居　宅
構　　造	鉄筋コンクリート２階建
床 面 積	120.00m^2
用　　途	住居用

借地権の目的となる土地，現存する建物及び新たに築造する建物のぞれぞれの位置や相互の関係を示す部分，新たに築造する建物の立面図及び平面図は別紙のとおり。

【監修者紹介】
尾込　平一郎（おごみ　へいいちろう）
弁護士（東京弁護士会所属）。1996年東京大学法学部卒業。2009年９月弁護士登録。
著作（監修書）に『ＳＥの法律実務マニュアル』『近隣トラブルの法律と実践的解決法 ケース別82』『著作権のしくみとトラブル解決実践マニュアル』『請負・業務委託・アウトソーシングの法律と実践契約書式49』『不動産取引のための実務契約書サンプル集74』『大家さんのための賃貸トラブル実践解決マニュアル』『私道・境界・建築をめぐる法律とトラブル解決マニュアル』（小社刊）がある。

すぐに役立つ
本人でも出来る
示談・和解・民事調停の手続きと実務書式サンプル46

2013年5月10日　第１刷発行

監修者　尾込平一郎（おごみへいいちろう）
発行者　前田俊秀
発行所　株式会社三修社
〒150-0001　東京都渋谷区神宮前2-2-22
TEL　03-3405-4511　FAX　03-3405-4522
振替　00190-9-72758
http://www.sanshusha.co.jp
編集担当　北村英治
印刷・製本　萩原印刷株式会社
©2013 H. Ogomi Printed in Japan
ISBN978-4-384-04548-2 C2032

®〈日本複製権センター委託出版物〉
本書を無断で複写複製（コピー）することは、著作権法上の例外を除き、禁じられています。本書をコピーされる場合は事前に日本複製権センター（JRRC）の許諾を受けてください。
JRRC（http://www.jrrc.or.jp　e-mail：info@jrrc.or.jp　電話：03-3401-2382）